新型职业农民示范培训教材

农民专业合作社运营实务

辛子军　董云鹏 ◎ 主编

中国农业出版社

新型职业农民示范培训教材

编审委员会

本册编写人员

主　编　辛子军　董云鹏

副主编　张　杰　王　坤　王云焱

编　者　辛子军　董云鹏　张　杰　王　坤　王云焱
王晓飞　刘　冬　郭建南

出 版 说 明

发展现代农业，已成为农业增效、农村发展和农民增收的关键。提高广大农民的整体素质，培养造就新一代有文化、懂技术、会经营的新型职业农民刻不容缓。没有新农民，就没有新农村；没有农民素质的现代化，就没有农业和农村的现代化。因此，编写一套融合现代农业技术和社会主义新农村建设的新型职业农民示范培训教材迫在眉睫，意义重大。

为配合《农业部办公厅 财政部办公厅关于做好新型职业农民培育工作的通知》，按照“科教兴农、人才强农、新型职业农民固农”的战略要求，以造就高素质新型农业经营主体为目标，以服务现代农业产业发展和促进农业从业者职业化为导向，着力培养一大批有文化、懂技术、会经营的新型职业农民，为农业现代化提供强有力的人才保障和智力支撑，中国农业出版社组织了一批一线专家、教授和科技工作者编写了“新型职业农民示范培训教材”丛书，作为广大新型职业农民的示范培训教材，为农民朋友提供科学、先进、实用、简易的致富新技术。

本系列教材共有29个分册，分两个体系，即现代农业技术体系和社会主义新农村建设体系。在编写中充分体现现代教育培训“五个对接”的理念，主要采用“单元归类、项目引领、任务驱动”的结构模式，设定“学习目标、知识准备、任务实施、能力转化”等环节，由浅入深，循序渐进，直观易懂，科学实用，可操作性强。

我们相信，本系列培训教材的出版发行，能为新型职业农民培养及现代农业技术的推广与应用积累一些可供借鉴的经验。

因编写时间仓促，不足或错漏在所难免，恳请读者批评指正，以资修订，我们将不胜感激。

2017-06-20

目 录

单元五　农民专业合作社的农产品营销

单元六　农民专业合作社的财务管理

单元七　农民专业合作社的发展

■ 单元八 政府对合作社的政策支持

■ 单元九 农民专业合作社信息化建设

附录

单元一

走进合作社

农村经济

【学习目标】

1. 理解合作社的原则。
2. 认识农民专业合作社的本质特征。
3. 理解发展农民专业合作社的意义。
4. 树立合作意识。

案例导入

提起郭生旺那是远近闻名的棚菜技术能手。他家在北镇，平时除了照看好自家的蔬菜大棚外，也常常帮助乡亲们解决一些棚菜种植上的小问题。不知道为什么，总是乐呵呵的老郭这几天却总是一脸愁苦的样子。

邻居老王发现老郭这些天不对劲，就邀请老郭到家里来坐坐，喝点小酒，聊聊天。杯酒交错间，老郭向老王吐露了心事儿。

原来，最近老郭的女婿打工回来住了两天。在翁婿闲谈中，谈到了棚菜的销路问题。女婿说现在党的政策好，鼓励农民建立专业合作社，还有专项资金进行扶持。老郭一听这个事就上心了，但是不知道农民专业合作社到底怎么弄，这几天正在为这事儿犯愁呢。老王一听，哈哈一笑。他对老郭说："原来是这事儿呀！你不来，这几天我还想找你合计合计呢。"

"你是不知道我为什么愁，老王，我跟你说，我成立合作社主要是想在买农资农具方面能享受优惠价格。我听说镇上有一个李凯蔬菜合作社，规模大，他们拿到的农资农具价格比市场价格低了差不多两成。"

老王喝了一口酒，接道："是呀，我也听说了，他们不光是买农资农具价格便宜，农产品卖得也比我们这一家一户卖得好。"老王的话又一次触动了老郭，两人越聊越投机，最后决定要一起搞农民专业合作社。

说干就干，老郭是急性子。他让女婿找来《中华人民共和国农民专业合作社法》，并通过"阳光工程"报名参加了政府组织的农村经纪人培训班，详细了解了什么是农民专业合作社以及开办合作社的好处。但是万事开头难，这成立农民专业合作社的第一个难题很快就让老郭挠了头。一人计短，两人计长。老郭找来老王商量。

"老王，你看按照《农民专业合作社法》，成立合作社至少得有 5 人以上，这找谁呀?"

"这好办。你一家，我一家，加上我们两家棚中间的老孙家和老李家，这不就有 4 家了。"

"那还缺一家，怎么弄呢?"

"回头你让你女婿也回来和咱们一起弄，不就 5 家了吗?"

"我女婿，能行吗?"

"只要户籍不在一个户口本上，就行！"

"好，就这么定了，我和我闺女说去。你帮我找老孙和老李。"

很快，老郭拿到了女婿、老王、老孙、老李的身份证及户口簿。他高高兴兴地带着证件来到镇工商所营业窗口办理建社手续，并告知工作人员想办一个棚菜生产的农业合作社。

◆ 案例分析

农民专业合作社是继土地承包改革之后，农村生产关系的又一次重大调整。扶持发展农民专业合作社，提高农业组织化程度，是促进农民持续增收的重要手段。自 2007 年《农民专业合作社法》颁布实施以来，社会各界高度关注。农民群众也在合作中尝到了甜头，合作意愿不断增强。但在合作社的发展过程中，仍然存在着诸如农民加入合作社的积极性、合作社发展规模、合作社利益分配、合作社规范管理等方面的问题，这些问题能否得到合理解决，是关系合作社能否健康规范发展的关键。

项目一　认识农民专业合作社

专业合作社存在于经济生活各部门，涉及我们生活的方方面面。你可以出生在健康合作社、学习于教育合作社、工作在生产合作社、居住在住宅合作社、养老于福利合作社、埋葬于葬礼合作社。在此期间你可以从零售合作社购买食品、衣服和其他东西，在信用协会办理银行业务，从保险合作社购买保险……

一、合作与合作社

现实生活中，合作是人们为了某个目标而联合起来共同行动，或者个人与个人、群体与群体之间为达到共同目的彼此相互配合，联合行动。由于合作，人多力量大，可以做比一个人单打独斗大得多的事情，也更容易把事情做好。竞争是我们生活中必不可少的一部分，合作也是我们生活中的重要内容。

不同的群体为了合作成立了各种形式的组织。如商人为了进行合作成立了工商界联合会；妇女为了合作成立了妇女界联合会；工人为了合作成立了工会；农民为了合作成立了农民协会或农民专业合作社。

1995 年，国际合作社联盟发表的《关于合作社特征的声明》中对合作社的定义、基本价值和原则均做出了明确的说明。

合作社按不同的标准有不同的分类，见表 1-1。

表 1-1　合作社的类别

<table>
<tr><th>标　准</th><th colspan="2">类　别</th></tr>
<tr><td rowspan="4">以生产、再生产环节为标准</td><td colspan="2">生产合作社</td></tr>
<tr><td colspan="2">流通合作社</td></tr>
<tr><td colspan="2">信用合作社</td></tr>
<tr><td colspan="2">服务合作社</td></tr>
<tr><td rowspan="6">以合作社自身功能为标准</td><td colspan="2">生产类合作社</td></tr>
<tr><td rowspan="5">服务类合作社</td><td>消费合作社</td></tr>
<tr><td>供销合作社</td></tr>
<tr><td>运销合作社</td></tr>
<tr><td>保险合作社</td></tr>
<tr><td>利用合作社</td></tr>
</table>

知识链接

合作社的原则

1. 自愿和开放的原则 合作社是自愿的组织，对所有能够利用合作社服务和愿意承担社员义务的人开放，无性别、社会、种族、政治和宗教信仰的限制。

2. 社员民主管理 合作社是由社员管理的民主的组织，合作社的方针和重大事项由社员积极参与决定。选举产生的代表，无论男女，都要对社员负责。在基层合作社，社员有平等的选举权（一人一票），其他层次的合作社组织也要实行民主管理。

3. 经济参与 社员要公平地入股并民主管理合作社的资金。但是入股只是作为社员身份的一个条件，若分红要受到限制。合作社盈余按以下某项或各项进行分配：用于不可分割的公积金，以进一步发展合作社；按社员与合作社的交易量分红；用于社员（代表）大会通过的其他活动。

4. 自主和自立 合作社是由社员管理的自主自助组织，合作社若与其他组织包括政府达成协议，或从其他渠道募集资金，必须做到保证社员民主管理并保持合作社的自主性。

5. 教育、培训和信息 合作社要为社员、选出的代表、经理和雇员提供教育和培训，以更好地推动合作社的发展。合作社要向公众特别是青年人和舆论名流宣传有关合作社的性质和益处。

6. 合作社间的合作 合作社通过地方的、全国的、区域的和世界的合作社间的合作，为社员提供最有效的服务，并促进合作社的发展。

7. 关心社区 合作社在满足社员需求的同时，要推动所在社区的持续发展。

合作社是由自愿联合的人们通过一个共同拥有和民主控制的企业满足他们共同的经济、社会、文化需要和抱负的自治协会。

合作社的基本价值是自助、民主、平等、公平和团结。合作社社员信奉诚实、公开、社会责任和关心他人的道德价值面。

二、农民专业合作社的宗旨

《中华人民共和国农民专业合作社法》（以下简称《农民专业合作社法》）明确界定了农民专业合作社的概念。该法第二条明确规定："农民专业合作社，是指在家庭经营基础上，同类农产品的生产经营者或者同类农业生产经营服务的提供者、利用者自愿联合、民主管理的互助性经济组织。"农民专业合作社以成员为主要服务对象，提供农业生产资料购买和农产品的销售、加工、运输、储藏以及与农业生产经营有关的技术、信息等服务。

拓展阅读

世界上第一个成功合作社——罗虚代尔公平先锋社

罗虚代尔公平先锋社诞生于1844年的英国罗虚代尔镇，被称为世界上第一个成功的合作社。罗虚代尔镇位于英国兰克夏和约克夏的边缘地带，距离重要的工业城市曼彻斯特约40千米。这里是英国的纺织工业中心，手工纺织业非常发达，出产毛纺织品和法兰绒已有几百年的历史，在英国久负盛名。

1820年，该镇的工厂主买进了第一部棉纺织机，以后陆续引进了多种纺织机械。资本主义的机器大工业给手工业者带来了巨大的威胁，那些凭借手工技巧谋生的小生产者无法与使用机器的资本家工厂竞争，相继破产失业。为了生存，这些手工业者不得不丢弃原有的手工技术，到资本家的工厂里做工。随着失业者的增多，劳动市场的供求关系发生了明显变化，使劳动力的价格日益下降。

为改变处境，1843年，罗虚代尔镇的13名工人发起组织合作社，定名为“罗虚代尔公平先锋社”。他们提出一套成立合作社的计划，明确提出了建社的目的是增进社员经济利益，改善社员社会地位及家庭境况，为此制订了合作社发展计划。

为了筹集股金，合作社要求自愿入社者每人出资1英镑。到1844年决定参加合作社的已增至28人，共收股金28英镑。在1844年8月11日举行了成立大会，通过合作社章程。同年10月24日核准登记，12月21日晚正式开始营业。当初经营规模较小，只是在该镇租了一间楼下小铺为营业处，每星期六晚上营业，职员由社员义务担任，所经营的商品也都是生活必需的面粉、白糖、黄油等。在全体社员的努力下，合作社克服各种挫折，逐步发展起来，到1870年，股金已达5 500英镑，贸易额达到223 000英镑。为改善社员生活条件，发挥了很大的作用。

◆ 点评

罗虚代尔公平先锋社作为世界合作社的一面旗帜，抛弃了空想社会主义者把合作社作为社会改革工具的幻想，使合作社从理想主义转向实用主义，并逐步使之成为西方国家合作社运动的主流。

罗虚代尔公平先锋社之所以成为合作社的典范，主要来自罗虚代尔原则，即合作社当时制定了其经营管理方面的原则：一是社员表决权一律平等，即一人一票，不因出资多少而有差异；二是对于政治宗教，保持中立地位；三是合作社盈余按社员向合作社购买额多寡分配；四是于合作社盈余中提取2.5%作为社员教育费用；五是按照市价出售货物；六是实行现金交易，不赊购赊销；七是遵守公平交易、保质保量的标准。罗虚代尔公平先锋社制定的这些原则，后经国际合作社联盟整理、修订而成为国际合作社原则。

知识链接

农民专业合作社的特点

1. 性质不变 不改变农民现有的土地承包关系，也不改变农民一家一户的生产方式，而是在家庭承包经营基础上联合起来的产前、产中和产后的服务。

2. 专业性强 大多以专业化的生产、加工、销售等为基础，以某一类产品为依托而组织起来。

3. 以服务为宗旨 以满足农民一家一户难以解决的生产资料的采购供应、技术服务、新产品的引进、产品销售等问题。

4. 实行民主管理 一般按照国际合作社通行原则，自愿组织，民主管理，一人一票，民主决策。

我国《农民专业合作社法》规定，农民专业合作社应当以服务成员为宗旨，谋求全体成员的共同利益。坚持以服务成员为宗旨，就是要求合作社在对成员提供服务的过程中不以营利为目的。需要特别指出的是，合作社对成员不以营利为目的，但对外仍是以利益最大化为目的，在这一点上合作社与公司没有差别。专业合作社只有实现盈余最大化，才能实现进一步发展，也才能更好地实现成员的互助互利。

三、农民专业合作社应遵循的原则

农民专业合作社的基本原则体现了农民专业合作社的价值，是农民专业合作社成立时的主旨和基本原则，是对农民专业合作社进行定性的标准，体现了农民专业合作社与其他市场经济主体的区别。只有按照这些基本原则组建和运行的合作社，才是《农民专业合作社法》调整范围内的农民专业合作社，才能享受《农民专业合作社法》规定的各项扶持政策，这些基本原则贯穿于《农民专业合作社法》的各项规定之中。

按照《农民专业合作社法》的规定，农民专业合作社应当遵循的基本原则有以下五项：

1. 入社自愿、退社自由

农民专业合作社是互助性经济组织，凡具有民事行为能力的公民，能够利用农民专业合作社提供的服务，承认并遵守农民专业合作社章程，履行章程规定的入社手续的，都可以成为农民专业合作社的成员。农民可以自愿加入一个或者多个农民专业合作社，入社不改变家庭承包经营；农民也可以自由退出农民专业合作社，退出的，农民专业合作社应当按照章程规定的方式和期限，退还记载在该成员账户内的出资额和公积金份额，并将成员资格终止前的可分配盈余，依法返还给成员。

2. 成员地位平等，实行民主管理

《农民专业合作社法》从农民专业合作社的组织机构和保证农民成员对本社的民主管理两个方面做了规定：农民专业合作社成员大会是本社的权力机构，农民专业合作社必须设理事长，也可以根据自身需要设立成员代表大会（成员需在 150 人以上）、理事会、执

行监事或者监事会，成员可以通过民主程序直接控制本社的生产经营活动。

3. 盈余按交易量（额）比例返还

盈余分配方式的不同是农民专业合作社与其他经济组织的重要区别。为了体现盈余主要按照成员与农民专业合作社的交易量（额）比例返还的基本原则，保护一般成员和出资较多成员两个方面的积极性，可分配盈余中按成员与本社的交易量（额）比例返还的总额不得低于可分配盈余的60%，其余部分可以依法以分红的方式按成员在合作社财产中相应的比例分配给成员。

4. 成员以农民为主体

为坚持农民专业合作社为农民成员服务的宗旨，发挥合作社在解决“三农”问题方面的作用，使农民真正成为合作社的主人，《农民专业合作社法》规定，农民专业合作社的成员中，农民至少应当占成员总数的80%，并对合作社中企业、事业单位、社会团体成员的数量进行了限制。

5. 以服务成员为宗旨，谋求全体成员的共同利益

农民专业合作社是以成员自我服务为目的而成立的。参加农民专业合作社的成员都是从事同类农产品生产、经营或提供同类服务的农业生产经营者，目的是通过合作互助提高规模效益，完成单个农民办不了、办不好、办了不合算的事。这种互助性特点，决定了它以成员为主要服务对象，依照“对成员服务不以营利为目的，谋求全体成员共同利益”的经营原则。

四、农民专业合作社的类型

1. 能人领办型农民专业合作社

“能人领办型”合作社是由从事运销、生产、经济的能力大户牵头，联合从事同种专业生产的农民自发建立的农民专业合作社。这种模式一般是形成相对松散型的农民专业合作社，也有一小部分经过一定的发展后开始建立实体，进入到农产品的加工增值环节。这种模式下会员一般只要缴纳少量的会费，依靠大户投资开展各项业务活动，能人大户是合作社的核心，对于合作社的生存和发展起决定性作用。合作社收购和推销产品通常买断制、代理推销、中介或保价收购等方式。

2. 基层组织牵头型农民专业合作社

基层组织牵头型合作社是结合农业结构调整和本地专业的生产情况，有村委会、村党支部、基层部门利用其引导优势和资源优势，围绕某一特色产业或主导产业，牵头创办的农民专业合作社。

3. 供销社领办型农民专业合作社

这类合作社是以供销社为依托，按照合作制的原则，由供销社及其经营管理人员、村级农资经营点人员以及当地农民共同出资入股组建，凡承认合作社章程并按规定入股即可成为合作社社员。合作社为农民提供农资、农产品销售服务，社员按股分红，风险共担。

4. 集体经济依托或改制型农民专业合作社

依托集体经济组织发展专业合作社的主要方式，一是依靠集体经济组织先期“输血”，兴办类似于欧美“新一代合作社”的专业合作社，借以壮大集体经济实力。二是推行以土地作为股份的服务性专业合作社，按自愿原则将一家一户的土地使用权流转回归到土地合作社统一经营，合作社成为土地经营的主体，使农民分享工业化带来的土地增值成果，又使集体经济组织得以实体化。三是发挥集体经济组织在信贷担保、信息服务等方面的优势，扶持社区内的农民专业合作社的成长。

5. 龙头企业带动型农民专业合作社

龙头企业带动型农民专业合作社一般是由实力较强的农产品加工流通企业为龙头，以契约关系和利益为纽带，主动引导农户组建或直接参与农民专业合作社，形成“龙头企业＋专业合作社＋农户”的农业产业化经营模式。在三者职能上，一般是农户负责生产，合作社侧重联系和服务，企业侧重营销。龙头企业与合作社可以用合同关系或股份合作关系相互联合，从而将产业化经营的推进和农民专业合作社的发展结合起来。

五、农民专业合作社与相关组织的关系

1. 农民专业合作社与农村集体经济组织的关系

集体经济指的是生产资料集体所有制经济，它是从所有制方面来划分的经济形式；而合作经济是从组织经营的角度来说的经济形式。也可以说农民专业合作社与农村集体经济组织，是按不同的划分标准得出的两种经济形式，两者的区别见表1-2。

表1-2　农民专业合作社与农村集体经济组织的区别

区别	农民专业合作社	农村集体经济组织
生产资料的占用和使用形式不同	所有权不变基础上的共同使用	集体占有，承包经营
职能不同	作为经营性组织，主要承担社区性集体经济组织承担不了、也不应该承担的职能，如家庭经营需要共同解决的购买、销售、加工环节的事情以及资金、技术、信息等问题	主要解决社区范围内经营者需要解决的共同问题如水利、道路、公共卫生等
经营方式不同	是在约定的项目、范围、程度内实行统一经营结成的利益共同体	实行以土地家庭承包为基础的统分结合的经营方式
分配方式不同	按照股份、投资额或成员惠顾量分配为主	以固定分配、按劳分配为主，目前主要以向社员提供福利为主
形成的基础不同	是自愿形成的，不受外在因素的制约与干预	由国家法律直接规定，在外力的作用下形成
覆盖的范围不同	可以跨县、跨乡、跨村，不受行政区域限制	是社区性的，与村民委员会所管辖范围是一致的

2. 农民专业合作社与村党支部、村民委员会的区别

农民专业合作社是纯经济组织，而村党支部和村民委员会（以下简称“村两委”）都不是纯经济组织。正确处理农民专业合作社与村两委的关系需要按照党政分开、政企分开的原则做到各司其职。村两委要在尊重农民专业合作社的自主权、不干预农民专业合作社生产经营的前提下，支持农民专业合作社的发展。成立党组织的农民专业合作社的生产经

专家支招

政府部门如何做好农民专业合作社指导工作

从目前我国实际情况出发，农民专业合作社的发展离不开政府的扶持与引导，这和民办原则并不矛盾，这种扶持与引导需把握以下几点：

1. 政府要制订必要的适度干预与扶持政策，予以正确引导。
2. 政府部门切不可包办代替，把农民专业合作社搞成官办的组织。
3. 当地政府领导不要在农民专业合作社中担任实职。
4. 农民专业合作社可以聘请专业技术人员到合作社兼职或任职。
5. 充分尊重农民专业合作社的经营自主权和财产所有权，不能以任何形式或借口搞“平调”，不能加重其负担。
6. 绝不能一哄而起，一哄而落，借机搞形象工程或政绩工程。应立足于满足农民一家一户难以解决的生产资料的采购供应、技术服务、新产品的引进、产品销售等问题。

营与管理仍由成员大会（成员代表大会）、理事会、监事会等组织机构负责；农民专业合作社的党组织，主要是充分发挥党员的先锋模范作用，团结、组织党内外的干部和群众，促进农民专业合作社的健康发展。

3. 农民专业合作社与农产品行业协会、农村专业技术协会的区别

农民专业合作社是经营性实体，要在工商部门登记，而农产品行业协会和农村专业技术协会不是经营实体，属于社团组织，需在民政部门登记。

4. 农民专业合作社和科技部门的关系

这种关系实际上是指导与被指导、互为支持的关系。农民专业合作社要积极争取科技部门的支持，主动承担技术推广的中介和组织任务，建立科研开发、示范基地，聘请科技人员直接参与农民专业合作社工作，充分发挥科技部门在指导农民专业合作社普及科技知识、发展农业生产过程中的骨干作用。

5. 农民专业合作社与各级政府的关系

从合作社的角度看，农民专业合作社作为一个法人主体，在成立时要到当地县级以上工商部门进行注册，要到行业主管部门进行备案，包括当地的农经局、林业局、畜牧局、水产局等行业主管部门，在合作社注册后，还应到当地的税务部门、金融部门开设纳税账户和资金账户等工作。

从政府的角度看，政府的各行业主管部门、工商部门、民政部门、税收部门等都有对合作社的经营管理进行业务指导的权利和义务，促使合作社规范健康发展。

项目二 发展农民专业合作社的意义

一、发展农民专业合作社对农民的好处

自《农民专业合作社法》颁布以来，农民专业合作社在全国各地如雨后春笋般迅速发展，究其原因，利益驱动是根本。农民的想法很简单，只有自己的收入增加，才会积极加入合作社。

1. 扩大规模效益，降低生产成本

原有的家庭承包经营责任制在调动农民生产积极性方面起到了决定性作用，但一家一户的小规模生产与现代的社会化大生产存在着矛盾，通过发展农民专业合作社，可以将一家一户的小规模生产迅速提升为规模化生产，随着组织规模的扩大，规模效益逐渐体现。如通过农民专业合作社，农民可以联合购买使用大型的生产资料如农业机械、加工设备等，降低独立购买这些生产资料时必须支付的消耗成本；可以统一批量采购农用生产资料，获得较低的市场价格；可以联合引进、使用先进技术，降低单个农户提高技术水平的成本。

2. 通过减少交易次数，降低交易成本

传统一家一户的经营模式，每个农民都要在市场中与不同的交易主体进行交易，交易次数非常庞大。如果农民通过专业合作社来销售农产品、购买生产资料，就可以使多个成员到市场进行的多次交易变为一次。由于交易费用与交易次数成正向关系，成员的数量越多交易的市场越复杂，则农民专业合作社节约交易费用的成效就越明显，如图 1-1。

3. 利用组织优势，提升谈判能力

传统的一家一户的农民个体在市场交易中往往没有定价的话语权，针对大型商家没有讨价还价的能力。为了将自己的产品销售出去，农民个体经常会选择相互压价，造成

知识链接

农民买卖农产品的交易成本

- 界定和保障农产品产权的费用；
- 发现交易对象和交易价的费用；
- 讨价还价的费用；
- 订立和执行交易合同的费用；
- 监督违约行为并对之进行制裁的费用；
- 维护交易秩序的费用等。

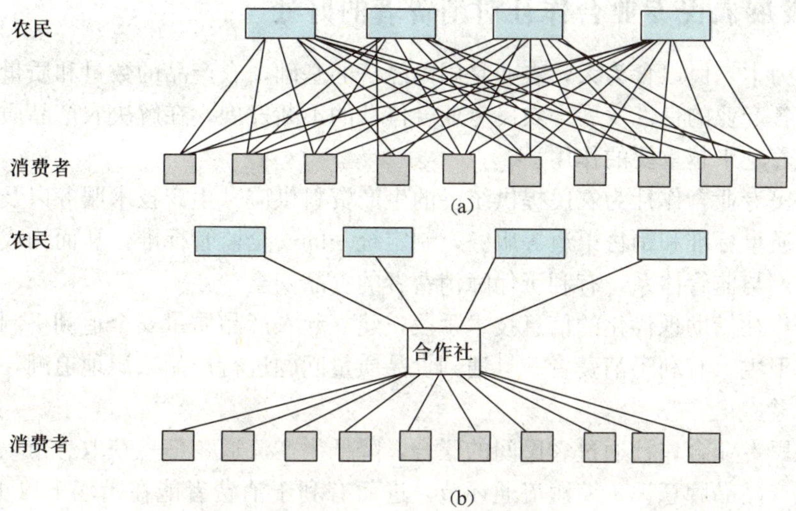

图 1-1　交易次数减少原理

（a）无合作社的交易次数　（b）有合作社参与的交易次数

自己利益受损。通过加入合作社，可以借助组织优势，由专门的人员与收购商或市场交易主体进行谈判，由于可售商品量的扩大，合作社可以拥有一定的定价权，同时在交易中讨价还价的能力得以大幅度提高，进而在交易中保证一定的价格水平，保障农民的收益。

4. 借助组织平台，获得培训机会，提高生产技能

目前，由于农业的比较效益低，农村中素质较高的劳动力一般都从事二、三产业，在农业生产一线的劳动者素质明显偏低。若要提升产业能力，增加劳动者收益，必然面临如何提升农业生产者科技素质的问题。加入农民专业合作社，可以借助组织平台，足不出户即可接受合作社提供的各项技术服务。同时，政府部门、科研教学机构也通过合作社推广现代科技，帮助农民通过培训，提升科技素质，增强创收能力。

5. 借助合作组织，提升维权意识

农民是我国最大的社会群体，但分布比较散，组织化程度不高，其意愿的充分表达和利益的有效维护较为困难。农民专业合作社作为代表和维护社员权益的组织，能及时向政府及有关部门反映行业的要求、建议和意见，积极争取相关政策。专业合作社通过集中“过滤”原来分散的农业生产经营者的个体意愿，在一定的法律框架内形成和维护行业整体利益。同时，专业合作社通过规范和约束农民、农业企业、农产品市场的行为，化解行业内外的矛盾，维护农业市场秩序和相关市场主体的经济利益。

6. 通过资金互助，解决发展资金短缺

传统的一家一户小农经济形式下，农民要想扩大生产规模，引进新技术、新品种及先进的生产手段往往受到资金短缺的困扰，筹款无路、贷款无门。农民专业合作社的创建，通过开展资金互助业务，开通银行贷款渠道，为缓解农村资金紧张，解决农民贷款难、筹资难等问题，起到了积极的促进作用。

二、发展农民专业合作社对消费者的好处

国以民为本，民以食为天，农业是国民经济的基础，农产品的数量和质量关系全体国民的健康及各产业的良性发展。农民专业合作社的不断发展，在解决农产品质量安全等问题上，发挥着越来越重要的作用。

（1）农民专业合作社为农民提供统一的生产资料供应、生产技术服务以及提供统一的商标品牌、质量标准和销售渠道等服务，制定统一的安全监管标准，从而构成一个严密的食品安全生产与监管体系，有利于保障消费者的食品安全。

（2）合作社借助现代化的信息技术手段，建立起农产品质量安全追溯机制，保证农产品的质量和卫生，有利于消费者一旦遇到食品质量问题进行产品来源地追溯，进而维护自身的合法权益。

（3）农民专业合作社通过农民间的联合，降低生产流通、信息获取、市场营销方面的成本，增强产品品牌意识，缩短流通环节，进而有利于消费者能在市场上以更少的时间、更低廉的价格购买到优质的农产品，给消费者带来实惠。

三、发展农民专业合作社对市场交易主体的好处

市场交易主体是指与农民专业合作社进行交易的各类组织和个人，包括生产资料供应商、农产品收购商、农产品批发商和零售商、各类企事业单位及个人。首先，各市场交易主体通过与合作社进行交易，比与农民个体进行交易极大地减少了交易次数，降低了交易成本；其次，市场交易主体通过与合作社进行交易，比与农民个体进行交易降低了信用成本；第三，市场交易主体通过与合作社进行交易，可以极大地降低农产品的物流成本。

四、发展农民专业合作社对政府及社会的好处

由于受传统计划经济的影响，农民的市场意识有待进一步提高，政府在经济建设中的管理和引导作用暂时还不能立即取消。如何发挥市场的主导地位，使市场在资源配置中起到决定性作用，政府需要借助合作社这一平台进行合理的引导。

1. 农民专业合作社是农民和政府之间沟通的桥梁和纽带

一方面，农民可以通过农民专业合作社把自己的意愿和要求及时向政府进行反馈，提高政府出台惠农政策和措施的针对性和有效性，增强农村社会的和谐稳定；另一方面，政府借助农民专业合作社这一组织载体，可以更好地落实国家各项支农惠农的产业政策，降低运行成本。

2. 农民专业合作社是现代农业技术的示范者和传播者

现代农业说到底就是科技农业，农业科技是发展现代农业的决定性因素。农民专业合作社根据产业发展需要和不同季节的技术需求，与农业科研院所直接对接，通过科技下乡、“专家大院”等形式充分发挥农业专家在农业技术推广中的积极作用，加快科技成果的转化。同时，合作社通过承担科技项目，利用成员土地进行示范，不仅解决了试验场地问题，而且能让成员直接参与，亲身体验试验的全过程，农民易于接受，发挥农业科技示

范点的建设与引导作用。通过典型示范做给农民看，引着农民干，由点到面进行推广，真正将农业科学技术传授到千家万户。还可以通过资金信用合作多方筹集资金，共同解决产前、产中、产后所需的资金，发展设施农业，提高集约化水平。

3. 农民专业合作社是实施农业标准化生产的主体

农产品质量安全水平和管理水平，是现代农业发展的重要内容和主要标志。实施农业标准化是建设现代农业的重要抓手，是保障食品安全的基础条件。合作社是将相同产业的农民组织起来的利益整体，通过对入社农户实行统一生产标准、统一操作规程、统一产品质量、统一农资供应，实行“生产在家，服务在社”的管理运作方式，严格农业投入品管理，健全农业投入品质量监测体系，普及农业投入品安全使用知识，引导农民合理施肥、科学用药、科学采收，从而实现农业的标准化生产。

4. 农民专业合作社是实施品牌战略的重要渠道

实施品牌战略是提高特色农产品市场竞争力、提高商品率最有效的途径。一家一户由于生产规模小、注册商标运行成本大、品牌档次不高，难以做大做强。通过合作社对社员生产的相同农产品，统一注册商标，打造品牌，才能上规模、上档次。

5. 农民专业合作社是培养新型农民的重要平台

建设现代农业最终要靠有文化、懂技术、会经营的新型农民。发挥农村人力资源优势，全面提高农村劳动者素质才能为推进新农村建设提供强大的人才智力支持。农民专业合作社是以产业为依托、以共同利益为纽带，打破行政区域界限而组建起来的经济组织，与农民利益息息相关。以合作社为主体组织农民培训，把课堂办到田间地块，农民参与热情高。通过合作社培训、示范与指导等方式，向农民传播新技术、新信息，并能结合产业的特点使培训更有针对性、专业性，使农民容易接受，而且覆盖面广，培训效果显著。真正把广大农户培养成有较强市场意识、有较高生产技能、有较强管理能力和现代发展理念的农业经营者。

6. 农民专业合作社是推进农业产业化的重要载体

现代农业的发展和农业产业链条的扩展，必然导致农业生产方式的变革。这种变革只有通过制度创新和技术创新才能实现，农业产业化经营即是实现生产方式变革的有效途径。“龙头企业＋专业合作社＋农户”是当前农业产业化经营的主要模式，可见农民专业合作社在农业产业化中已扮演着十分重要的角色。农民专业合作社具有独立的市场主体地位、明晰的产权制度和规范的内部运行机制，通过合作社把农民组织起来扩大生产规模，促进农业的专业化、规模化、标准化、机械化生产。从许多发达国家农业发展的历程看，农民专业合作社逐步壮大后，直接兴办承接农产品加工、销售、储藏、运输等业务将是一个必然趋势。

7. 农民专业合作社促使农民不断增进参与社会各项活动的意识

农民通过参与农民专业合作社的建设和运行过程，组织管理、市场营销、对外交往以及民主决策等方面得到直接锻炼，从而提高市场意识、民主意识、合作意识，提高自我组织、自我服务、自我管理的能力，激发潜力及才能，满足参与感和成就感，不断增进社会活动的参与意识。

能力转化

◆**记一记**

1. 合作社的原则有哪些?

2. 农民专业合作社的宗旨是什么?

◆**议一议**

1. 发展农民专业合作社对农民有哪些好处?

2. 农民专业合作社在运营中应遵循哪些原则?

3. 农民专业合作社有哪些类型?

◆**想一想**

1. 有了农民专业合作社之后,农民是不是就什么都不用干了,可以专吃“大锅饭”了?

2. 农民专业合作社和农村集体经济组织的区别是什么?

◆**做一做**

考察附近的农民专业合作社,分析其是哪种类型的专业合作社。在合作社运营中,有没有体现民主管理的原则?

单元二

组建农民专业合作社

项目一　农民专业合作社的筹建

项目二　农民专业合作社注册登记

【学习目标】

1. 掌握创建农民专业合作社的流程。
2. 准确核定农民专业合作社的名称和业务范围。
3. 能够合理制定农民专业合作社章程。
4. 能够独立办理组建合作社的各项手续。

案例导入

老郭到镇工商所注册农民专业合作社。

镇工商所的工作人员告诉他，注册农民专业合作社要先有个名字，然后要明确经营范围，并带齐包括合作社章程、合作社法人任命书、组织成员出资清单、组织成员身份证复印件、房屋无偿使用协议、房屋使用权证复印件等文件资料才能进行注册。

老郭听后，当即就要回家找老王他们准备注册资料。细心的工作人员一看老郭这么急，赶紧叫住他，又跟他强调注册农民专业合作社不仅要在工商所注册，还要到县里的行政审批大厅办理组织机构代码证，最后再到税务局去报税。工作人员再三叮嘱老郭，农民专业合作社工商注册一定要在 30 日内办理完毕，延期将会被处罚。所缴纳的印花税以工商所注册的注册资金为标准，如果注册资金是 100 万元，应缴纳的印花税为 500 元。

老郭这回算是听明白了，原来注册一家农民专业合作社，不光是起个名字就可以了，在法律上还要有一个严格的程序。

老郭谢过镇工商所的工作人员，便风风火火地回家找老王他们商量去了。

◆ 案例分析

随着农民专业合作社数量的不断增加，规模的不断扩大，农民专业合作社对带动农民致富发挥着越来越重要的作用，许多农民要么选择加入现有的合作社，要么准备自己创办农民专业合作社。但如何创办一家合作社？创办合作社需要哪些手续和材料？应到哪里去办理相关手续？很多农民还知之不多。像老郭这样，先咨询，再操作，会少走很多弯路。注册一家农民专业合作社，可以亲自到工商等行政审批部门跑程序，也可以委托中介机构办理。

项目一　农民专业合作社的筹建

农民专业合作社的筹建流程见图 2-1。

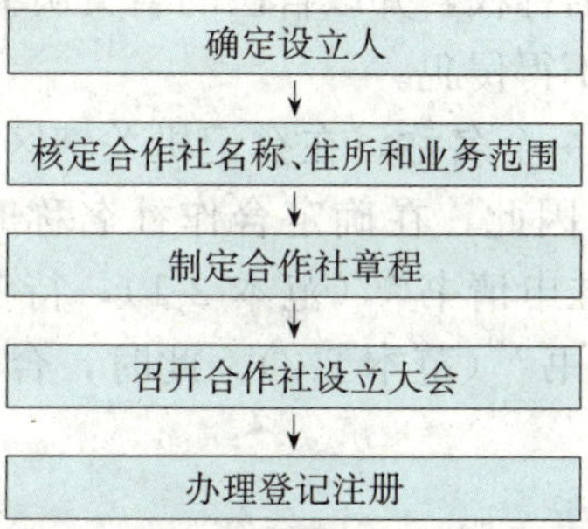

图 2-1　农民专业合作社的筹建流程

一、确定设立人

农民专业合作社的设立人又称为"发起人"或"创始人"，就是发起创办农民专业合作社的从事同类或相关农产品生产经营的自然人或者法人。

要成立农民专业合作社必须要先确定设立人，然后由设立人负责筹备农民专业合作社成立的相关准备工作。设立人可以是一般农户、种植大户，也可以是农业企业、社会团体等。

知识链接

农民专业合作社设立人应具备的条件

根据《农民专业合作社法》的规定，设立农民专业合作社要具备以下条件：

1. 设立人必须有 5 名以上　法律规定了设立人人数的下限，但没有上限限制。

2. 设立人必须以农民为主　设立人中，农民成员的比例不得低于成员总数的 80%。设立人在 20 人以下的，可以有一个企业、事业单位或社会团体成员。如果设立人超过 20 人，企业、事业单位或社会团体成员不得超过设立人总数的 5%。

3. 设立人必须具有法律规定的成员资格　法律规定"具有民事行为能力的公民，以及从事与农民专业合作社直接有关的生产经营活动的企业、事业单位或者社会团体，能够利用农民专业合作社提供的服务，承认并遵守农民专业合作社章程，履行章程规定的入社手续，可以成为农民专业合作社的成员"。不满足入社条件的个人、农户、企事业单位、社会团体以及具有公共事务管理职能的单位均不能成为设立人。

二、核定合作社名称、住所和业务范围

1. 确定农民专业合作社的名称

农民专业合作社的名称，是指合作社用以相互区别的固定称呼，是农民专业合作社人格特定化的标志，是农民专业合作社设立、登记并开展经营活动的必要条件。

一般来说，农民专业合作社的名称，可以由“地域＋字号＋产品＋专业合作社”组成，如“北镇市洪喜果蔬专业合作社”“辽宁鸿远南国梨专业合作社”。

农民专业合作社依法享有名称权，并以自己的名义从事生产经营活动，其名称受到相关法律保护，任何单位和个人不得侵犯。

农民专业合作社只准使用一个名称，在登记机关辖区内，不得与已登记注册的同行业农民专业合作社名称相同。因此，在确定合作社名称时，要先到当地工商部门填写“农民专业合作社名称预先核准申请书”（范本 2-1），待工商部门核准后，下发“农民专业合作社名称预先核准通知书”（范本 2-2）。此时，合作社方可进行下一步注册登记工作。

2. 确定农民专业合作社住所

农民专业合作社的住所，是指法律上确认的农民专业合作社的主要经营场所。《农民专业合作社法》规定设立农民专业合作社必须有章程确定的住所，住所是农民专业合作社注册登记的事项之一。确定农民专业合作社的住所地，主要是方便农民专业合作社进行市场交易和确定法律事实、法律关系和法律行为的发生地，是对一个市场主体完整性的必然要求。

3. 确定合作社业务范围

业务范围是农民专业合作社经营的产品或服务的内容。《农民专业合作社法》第二条对农民专业合作社的服务对象和服务内容做了明确规定，农民专业合作社以其成员为主要服务对象，提供农业生产资料的购买，农产品的销售、加工、运输、储藏以及与农业生产经营有关的技术、信息等服务。这也是进行工商登记时确定农民专业合作社经营范围的依据。

专家提示

确定农民专业合作社住所的注意事项

1. 住所的确定需要由全体成员通过章程来共同确定。
2. 合作社变更，住所也必须办理变更登记。
3. 经工商行政管理机关登记的农民专业合作社的住所只能有一个。
4. 住所可以是专门的固定办公场所，也可以是理事长或某个成员的家庭住址。
5. 合作社的住所应当在登记机关管辖区域内。

农民专业合作社名称预先核准申请书

<table>
<tr><td>申请名称</td><td colspan="2"></td></tr>
<tr><td rowspan="2">备选名称（请选用不同的字号）</td><td colspan="2">1.</td></tr>
<tr><td colspan="2">2.</td></tr>
<tr><td>业务范围</td><td colspan="2"></td></tr>
<tr><td>住所</td><td colspan="2"></td></tr>
<tr><td colspan="3">设　立　人</td></tr>
<tr><td>姓名或名称</td><td>成员类型</td><td>证照类别及号码</td></tr>
<tr><td></td><td></td><td></td></tr>
<tr><td></td><td></td><td></td></tr>
<tr><td></td><td></td><td></td></tr>
<tr><td></td><td></td><td></td></tr>
<tr><td></td><td></td><td></td></tr>
<tr><td></td><td></td><td></td></tr>
<tr><td></td><td></td><td></td></tr>
<tr><td></td><td></td><td></td></tr>
<tr><td></td><td></td><td></td></tr>
<tr><td></td><td></td><td></td></tr>
<tr><td></td><td></td><td></td></tr>
</table>

经办人签名：

年　　月　　日

注：经办人为农民专业合作社全体设立人指定代表或者委托代理人。

范本 2-1　农民专业合作社名称预先核准申请书

农民专业合作社名称预先核准通知书

（　　）农社名预核字［　　］第　　号

根据《农民专业合作社登记管理条例》《企业名称登记管理规定》的有关规定，同意预先核准下列设立人申请的农民专业合作社名称为：____。

设立人：

以上预先核准的农民专业合作社名称保留期至________年____月____日。在保留期内，名称不得用于经营活动，不得转让。预先核准的农民专业合作社名称未到登记机关完成设立登记的，保留期满后自动失效。有正当理由，需延长预先核准名称保留期的，申请人应在保留期满前1个月内申请延期。保留期延长时间不超过6个月。经登记机关设立登记，颁发营业执照后，农民专业合作社名称正式生效。

（名称核准机关盖章）

核准日期：________年____月____日

范本2-2　农民专业合作社名称预先核准通知书

专家提示

确定农民专业合作社业务范围的注意事项

1. 业务范围的确定要符合国家相关法律法规和产业发展政策的规定。
2. 业务范围的确定要结合本社的实际和未来的发展方向。
3. 业务范围的确定要体现主要为本社成员服务的原则。
4. 业务范围可以涉及农业生产经营的各个方面。

三、制定合作社章程

（一）制定农民专业合作社章程的意义

农民专业合作社章程是在遵循国家法律法规、政策规定的条件下，由全体成员共同制定的统一内部成员开展生产经营活动的原则、办事程序等内部规范性文件，章程就是农民专业合作社自身的“宪法”，是全体成员必须共同遵守的行为准则。农民专业合作社章程的制定，是设立农民专业合作社的必备条件和必经程序。

农民专业合作社章程是其自治特征的重要体现，在农民专业合作社的运行中具有极其重要的作用。

知识链接

农民专业合作社章程的主要内容

《农民专业合作社法》第十二条规定了农民专业合作社章程应当载明的事项包括：

1. 名称和住所；
2. 业务范围；
3. 成员资格及入社、退社和除名；
4. 成员的权利和义务；
5. 组织机构及其产生办法；
6. 职权、任期、议事规则；
7. 成员的出资方式、出资额；
8. 财务管理和盈余分配、亏损的处理；
9. 章程修改程序；
10. 解散事由和清算办法；
11. 公告事项及发布方式；
12. 需要规定的其他事项。

1. 章程规定了某个合作社的具体制度，这些制度不仅涉及每个成员的权利和义务，更是决定了一个合作社是否能够生存和实现发展这一重大问题。

2. 章程有公示作用，有利于债权人、社会公众、政府等利益相关方对农民专业合作社的了解，有利于农民专业合作社接受外界的监督和服务。

3. 制定章程和按照章程兴办合作社，是合作社享受国家有关优惠政策的一项重要依据，因此制定好章程并按照章程办事，是办好一个合作社的关键。

（二）制定农民专业合作社章程需要注意的几个问题

章程作为农民专业合作社依法制定的重要的规范性文件，作为农民专业合作社的组织和行为基本准则的规定，对理事长、理事会成员、执行监事或者监事会成员等合作社的所有成员都具有约束力，必须严格遵守执行。

1. 章程的制定要符合国家法律、法规、政策的规定

农民专业合作社章程要规定合作社的运行宗旨、业务范围等多项内容，因此在制定时必须符合国家法律法规的规定，符合国家的产业政策，如果章程的内容与相关法律法规矛盾，则章程无效。不仅如此，还会给合作社的发展、成员的利益带来负面影响。

> 章程是一种法律以外的行业规范，由农民专业合作社自己来执行，无需国家强制力保证实施，当出现违反章程的行为时，只要该行为不违反法律，就由农民专业合作社自行解决。

2. 章程的制定要坚持“民办、民管、民受益”的原则

成立农民专业合作社必须遵循“民办、民管、民受益”的原则，充分发扬民主，由主体成员共同讨论形成。章程应当是全体设立人真实意思的表示。在制定过程中，每个设立人必须充分发表自己的意见，每条每款必须取得一致。只有充分发扬民主制定出来的章程，才能对每个成员起到约束作用，才能很好地得到遵循，也才能调动各方面管理与发展合作社的积极性。

3. 章程的内容要力求完善

合作社如何设立，设立后如何运作，如何实现民主管理，该规定的事项应尽量规定，这样，才可以在出现问题后有章可循，防止一个人说了算的现象发生。一般而言，合作社可以制定成员大会、成员代表大会、理事会、监事会的议事规则，管理人员、工作人员岗位责任制度，劳动人事制度，产品购销制度，产品质量安全制度，集体资产管理和使用制度，财务管理制度，收益分配制度等专项制度。这些制度的制定，有的需要由理事会研究决定，有的还需要成员大会研究通过，并向成员公示，以便成员监督执行。

> 强调合作社章程的完善，并不是强调章程要事无巨细地做出规定，而是就重大事项进行原则性规定。同时，章程要完善也有一个过程，可以在发展中逐步完善。

4. 章程的制定要符合实际情况

最适合的章程才是最好的章程，农民专业合作社的章程可以因为产业不同、产品不同、地区不同而有所差异。因此，农民专业合作社在制定章程时应当根据自身发展规模、生产经营特点、社员的切身需要及未来的发展方向等方面，由全体成员讨论制定出符合自

身特色的章程。

5. 章程的制定和修改必须按法定程序进行

为保证章程的稳定性和严肃性，《农民专业合作社法》规定，章程要由全体设立人一致通过。为保障全体设立人在对章程认可上的真实性，还应当采用书面形式，由每个设立人在章程上签名、盖章。章程在合作社的存续期内并不是一成不变的，是可以逐步完善的，但是，修改章程要经由成员大会做出修改章程的决议。合作社章程范本见附录1。

四、召开合作社设立大会

合作社设立大会由全体设立人参加。设立人是农民专业合作社设立时自愿成为该社成员的人。召开设立大会是《农民专业合作社法》关于设立农民专业合作社程序方面的规定。如果没有依法召开由全体设立人参加的设立大会，农民专业合作社就不能正式成立。

在各项筹备工作任务完成后，于合作社成立7日前，通知社员参加合作社设立大会，同时可呈请当地合作社主管部门派员出席指导，如社员较多，则可按规定要求选派社员代表出席设立大会。

合作社设立大会召开后，要形成规范的“设立大会纪要”，这是进行合作社注册登记的必备原始材料。

农民专业合作社设立大会主要议程见图2-2。

1. 主持人公布全体设立人名单、人数等。如到会人数符合合作社设立大会的有关规定，即宣布成立大会开始

↓

2. 筹委会负责人做合作社筹备工作报告

↓

3. 主管机关负责人宣布本合作社成立的批复

↓

4. 宣读合作社章程草案，并提请讨论后表决通过

↓

5. 选举产生理事会、监事会成员

↓

6. 理事会、监事会分别选举理事长、监事长或执行监事

↓

7. 其他需要在设立大会上通过的重大事项

↓

8. 理事长、监事长讲话

↓

9. 与会领导和有关社会各界代表讲话

↓

10. 宣布成立大会结束

图2-2　农民专业合作社设立大会主要议程

专家提示

农民专业合作社设立大会的主要任务

- 民主讨论通过合作社章程；
- 民主选举产生法人代表、理事长或理事会、执行监事或监事会成员；
- 确定出资结构及成员出资；
- 其他需要在设立大会上通过的重要事项等。

五、组建工作机构

1. 召开工作会议，成立办事机构

由理事长主持常务理事工作会议，研究成立合作社办事机构和有关业务指导部门。业务大的合作社，可由理事长聘任总经理。

2. 聘任办事机构业务部门负责人

业务量小的合作社，由理事长直接聘任。规模较大且设置总经理的，由总经理聘任部门负责人。部门负责人确定后，由各部门负责人招聘精干业务工作人员。

3. 召开业务会议

由理事长或总经理主持、有关业务部门参加讨论研究工作计划，布置和开展合作社业务工作。

> 依法登记是农民专业合作社开展生产经营活动并获得法律保护的重要依据。县（区）工商行政管理部门是农民专业合作社登记机关。

六、办理登记注册

根据《农民专业合作社法》第十三条规定，设立农民专业合作社，应当向工商行政管理部门提交相关文件，申请设立登记。

项目二　农民专业合作社注册登记

农民专业合作社的注册登记见图 2-3。

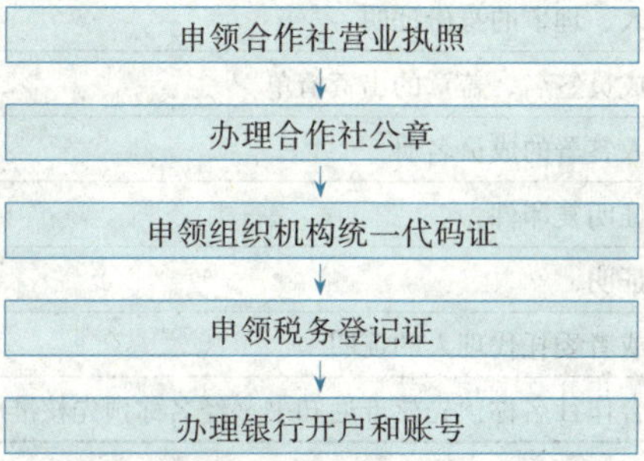

图 2-3　农民专业合作社注册登记流程

一、申领合作社营业执照

组建农民专业合作社的发起工作基本就绪后，根据《农民专业合作社登记管理条例》规定，设立农民专业合作社应当向所在地的县（市）、区工商行政管理部门依法登记，领取农民专业合作社法人营业执照（以下简称“营业执照”），取得法人资格。未经依法登记，不得以农民专业合作社名义从事经营活动。

（一）设立登记提交的文件

由年满 18 周岁、具有农业户口、5 名以上出资人持户口登记页（也可委托一人办理，但要写委托书，委托人要持身份证），到当地工商局注册部门申请字号，工商部门会出具“农民专业合作社名称预先核准申请书”，同时可在工商局网站或当地工商局注册登记部门申领或下载注册需要填写的 9 种文件（表 2-1）。按照填写要求，将所需文件填写好，统一提交到农业主管部门备案，然后将这些材料统一提交到当地工商部门进行注册登记。

1. 农民专业合作社设立登记申请书

“农民专业合作社设立登记申请书”（图 2-3）由国家工商总局制定，该申请书共 4 页：申请书、法定代表人登记表、提交文件目录、填写须知。申请人在申请设立农民专业合作社前应当认真学习《农民专业合作社法》和《农民专业合作社登记管理条例》以及“农民专业合作社设立登记申请书”的填写须知，以便能够准确无误地填写申请书和提交有关材料。申请人应当按照提交材料的实际情况，在提交文件目录内填写有关材料的份数。

农业合作社的设立、变更登记程序见图 2-4。

2. 全体设立人签名、盖章的设立大会纪要

申请人提交的设立大会纪要，应当为全体设立人签名、盖章的原件（范本 2-4）。

表 2-1　农民专业合作社设立登记提交文件目录

序号	文件名称	份数
1	法定代表人签署的农民专业合作社设立登记申请书	1
2	全体设立人签名、盖章的设立大会纪要	1
3	全体设立人签名、盖章的章程	1
4	法定代表人、理事的任职文件	1
	法定代表人、理事的身份证明	1
5	全体出资成员签名、盖章的出资清单	1
6	法定代表人签署的成员名册	1
	成员身份证明复印件	1
7	住所使用证明	1
8	指定代表或者委托代理人的证明	1
9	农民专业合作社名称预先核准通知书（经名称预先核准的须提交）	1

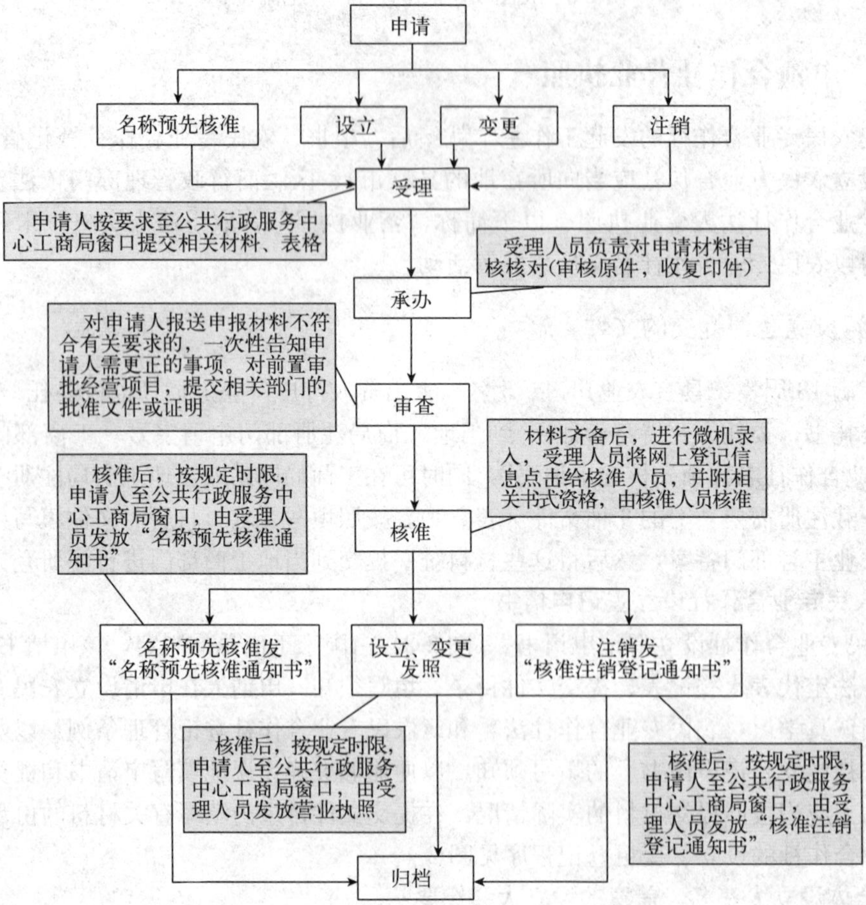

图 2-4　农业合作社设立、变更、登记程序

农民专业合作社设立登记申请书

<table>
<tr><td>名　称</td><td colspan="4"></td></tr>
<tr><td rowspan="2">备选名称
（请选用不同字号）</td><td colspan="4">1.</td></tr>
<tr><td colspan="4">2.</td></tr>
<tr><td rowspan="2">住所</td><td colspan="4"></td></tr>
<tr><td>邮政编码</td><td></td><td>联系电话</td><td></td></tr>
<tr><td>成员出资总额
（元）</td><td colspan="4"></td></tr>
<tr><td>业务范围</td><td colspan="4"></td></tr>
<tr><td>法定代表人姓名</td><td colspan="4"></td></tr>
<tr><td colspan="5">成员总数：________名
其中：农民成员：________（名）　所占比例：______%
企业、事业单位或社会团体成员：________（名）所占比例：______%</td></tr>
<tr><td colspan="5">本农民专业合作社依照《中华人民共和国农民专业合作社法》《农民专业合作社登记管理条例》设立，提交文件材料真实有效，对真实性承担责任。

法定代表人签名：

年　　月　　日</td></tr>
</table>

范本 2-3　农民专业合作社设立登记申请书

3. 全体设立人签名、盖章的章程

申请人提交的农民专业合作社章程，应当为全体设立人签名、盖章的原件。农民专业合作社章程中有违反《农民专业合作社法》以及有关法律、行政法规规定的，登记机关应当要求农民专业合作社做相应修改。

4. 法定代表人、理事的任职文件和身份证明

申请人提交的法定代表人、理事的任职文件，应当为出席会议的社员签名的原件（范本 2-5）。申请人提交的法定代表人、理事的身份证明，应当为居民身份证的复印件。

5. 出资清单

载明社员的姓名或者名称、出资方式、出资额以及社员出资总额，并经全体出资社员签名、盖章予以确认的出资清单。

"农民专业合作社成员出资清单"由国家工商总局制定，该出资清单共两页：出资清单、填写须知。出资清单应当填写社员的姓名或名称、出资方式、出资额以及成员出资总额，并经全体出资成员签名、盖章予以确认（范本 2-6）。

6. 身份证明相关资料

载明社员的姓名或者名称、公民身份证号码或者登记证书号码和住所的社员名册，以及社员身份证明。

"农民专业合作社成员名册"由国家工商总局制定，该名册共 3 页：社员名册、社员身份证明复印件粘贴页，填写须知。社员名册应当填写社员姓名或名称、证件名称及号码、住所、社员类型，社员总数、农民社员和企事业单位或社会团体社员数量及所占比例（范本 2-7）。

7. 住所使用证明

农民专业合作社的住所使用证明（范本 2-8），以社员自有场所作为住所的，应当提交该社有权使用的证明及场所的产权证明；因场所在农村，没有房管部门颁发的产权证明的，可提交场所所在地村民委员会出具的证明。农村的宅基地可到村委会开具房屋所属证明和住转商证明。

专家提示

填写农民专业合作社成员出资清单须知

1. 出资方式。农民专业合作社成员以货币作为出资的填写"货币"。以实物、知识产权等可以用货币估价并可以依法转让的非货币财产作为出资的，填写非货币财产的具体种类，如房屋、农业机械、注册商标等。

2. 出资额是成员以货币出资的数额，或者成员以非货币财产出资由全体成员评估作价的货币数额。

3. 出资成员是自然人的由其签名，是单位的由其盖章。单位盖章可以加盖在出资清单的空白处。

4. 因出资成员多出资清单写不下的，可另备页面载明。

5. 应当使用钢笔、毛笔或签字笔工整地填写表格和签名。

喀左县利民酿酒葡萄生产专业合作社大会纪要

时　间：二〇〇七年八月二十日上午八时

地　点：山嘴子镇道虎沟铁路小学教室内

参加人员：王继阁、朱文华、赵井江、郭廷旭、姜俊岐、司万合、陈良文。

会议内容：

1. 学习《中华人民共和国农民专业合作社法》。

2. 制定并通过《喀左县利民酿酒葡萄生产专业合作社章程》。

3.（1）选举产生喀左县利民酿酒葡萄生产专业合作社法定代表人（理事长），选举王继阁同志为理事长。

（2）选举喀左县利民酿酒葡萄生产专业合作社理事：司万合同志、赵景江同志、郭廷旭同志、姜俊岐同志、陈良文同志、朱文华同志为喀左县利民酿酒葡萄生产专业合作社理事。

（3）通过选举产生：朱文华同志为喀左县利民酿酒葡萄生产专业合作社监事长。

（4）通过选举产生：姜俊岐同志、郭廷旭同志为喀左县利民酿酒葡萄生产专业合作社监事。

4. 通过成员出资额：每名成员出资 3 000 元，法定代表人出资 1.2 万元，房屋资产 7 万元，社员出资每人 80 元；初步发展成员 150 人。2008 年发展 800 人。

5. 会议确定十月二十日召开第二次理事会。

参加会议人员签字：

喀左县利民酿酒葡萄生产专业合作社

二〇〇七年八月二十日

范本 2-4　农民专业合作社设立大会纪要格式

喀左县鑫兴蔬菜产销专业合作社文件

喀鑫发［2007］1号

关于赵清友等同志任职的通知

各村党支部（总支）、村委会：

经喀左县鑫兴蔬菜产销专业合作社第一次全体成员会议通过，选举赵清友同导为喀左县鑫兴蔬菜产销专业合作社理事长，任振丰、陈凤术同志为理事，任期五年。

特此通知

喀左县鑫兴蔬菜产销专业合作社
2007年9月1日

主题词：任职　　通知

抄送：喀左县农经局　　喀左县工商局

范本2-5　合作社任职文件

农民专业合作社成员出资清单

项目 / 序号	出资成员姓名或名称	出资方式	出资额（元）	出资成员签名或盖章
1	张×	货币出资	34 000	张×
2	张×	货币出资	4 000	张××
3	赵×	货币出资	4 000	赵×
4	张××	货币出资	4 000	张××
5	孟××	货币出资	4 000	孟××

成员出资总额：5万（元）

法定代表人签名：张×

2007年12月6日

范本 2-6　合作社成员出资清单

农民专业合作社成员名册

项目 / 序号	成员姓名或名称	证件名称及号码	住　所	成员类型
1	张×	211303×××××××0419	朝阳市龙城区七道泉子镇铁匠炉村五组	农民
2	张××	211303×××××××362X	朝阳市龙城区召都巴镇召都巴村	农民
3	赵×	150430×××××××2474	朝阳市龙城区七道泉子镇铁匠炉村五组	农民
4	张××	211303×××××××0430	朝阳市龙城区七道泉子镇铁匠炉村五组	农民
5	孟××	211321×××××××8021	朝阳市龙城区七道泉子镇铁匠炉村五组	农民
6				
7				
8				
9				
10				
11				
12				

成员总数：5（名）

其中：农民成员 5（名）　所占比例：100%

企业、事业单位或社会团体成员：＿＿＿（名）　所占比例：＿＿＿%

本农民专业合作社的成员符合《农民专业合作社登记管理条例》第十三条、第十四条的规定，并对此承诺的真实性承担责任。

法定代表人签名：张×

2007年12月6日

范本 2-7　合作社成员名单

朝阳市龙城区正宏养鸡专业合作社住所（经营场所）使用证明书

<table>
<tr><td colspan="2">使用合作社名称</td><td colspan="4">朝阳市龙城区正宏养鸡专业合作社</td></tr>
<tr><td rowspan="10">所（经营场所）使用情况</td><td>地址</td><td colspan="2">朝阳市龙城区七道泉子镇铁匠炉村</td><td>邮编</td><td>122000</td></tr>
<tr><td rowspan="3">用途和实际使用面积（平方米）</td><td>用途</td><td colspan="3">办公</td></tr>
<tr><td>建筑物面积</td><td colspan="3">92.6</td></tr>
<tr><td>占地面积</td><td colspan="3">398.6</td></tr>
<tr><td rowspan="3">占　地</td><td>产权归属</td><td colspan="3">杜××</td></tr>
<tr><td>使用关系</td><td colspan="3">亲属</td></tr>
<tr><td>使用期限</td><td colspan="3">□无限期□有限期自　年　月　日至　年　月　日</td></tr>
<tr><td rowspan="3">建筑物</td><td>产权归属</td><td colspan="3">杜××</td></tr>
<tr><td>使用关系</td><td colspan="3">亲属</td></tr>
<tr><td>使用期限</td><td colspan="3">□无限期□有限期自　年　月　日至　年　月　日</td></tr>
<tr><td colspan="2">产权归属单位证明</td><td colspan="4">负责人签字：杜××　2007年12月6日（公章）</td></tr>
<tr><td colspan="2">产权管理部门确认</td><td colspan="4">负责人签字：杜××　2007年12月6日（公章）</td></tr>
<tr><td colspan="2">备　注</td><td colspan="4">1. 附产权证明：①房屋产权证复印件；②土地使用证复印件。
2. “使用关系”填写：①主办单位（出资人）出资自用；②主办单位（出资人）投入使用；③租赁使用；④无偿借用；⑤企事业购买自用。
3. 不能提交产权证明的，此证明书由产权管理部门盖章确认。</td></tr>
</table>

范本 2-8　合作社住所使用证明

8. 指定代表或者委托代理人的证明

"指定代表或者委托代理人的证明"由国家工商总局制定，该证明只有1页。应当填写指定代表或委托代理人的姓名、指定代表或委托代理人的权限（主要包括办理名称预先核准、设立登记、变更登记、注销登记或备案等）、指定代表或委托代理人更正有关材料的权限（同意或者不同意），并经委托人签名或者盖章予以确认。经办人为法定代表人的，不必向登记机关提交此证明。

9. 名称核准

在初步确定合作社名称和业务范围后，就可以到当地工商部门填写"农民专业合作社名称预先核准申请书"（范本2-1）。

专家提示

合作社成员名单填写注意事项

1. 农民专业合作社的社员为自然人的，社员身份证明为居民身份证。农民专业合作社的社员为企业、事业单位或者社会团体的，社员身份证明为企业法人营业执照或者其他登记证书。

2. 住所。农民专业合作社的社员为自然人的住所为现住所，是企业、事业单位或者社会团体的为登记证上载明的住所。

3. 社员类型。分为农民社员、非农民社员和单位社员（企业、事业单位或者社会团体）三类。

4. 社员总数、社员类别及比例的填写情况应当与"农民专业合作社设立登记申请书"的填写情况相一致。

专家提示

填写农民专业合作社名称预先核准申请书须知

1. 农民专业合作社申请名称预先核准，应当向其住所所在地的登记机关提交：全体设立人指定代表或者委托代理人签署的"农民专业合作社名称预先核准申请书"，全体设立人签署的"指定代表或者委托代理人的证明"。

2. 农民专业合作社名称依次由行政区划、字号、行业、组织形式组成。名称中的行政区划是指农民专业合作社住所所在地的县级以上（包括市辖区）行政区划名称。名称中的字号应当由两个以上的汉字组成，可以使用农民专业合作社成员的姓名作字号，不得使用县级以上行政区划名称作字号。名称中的行业用语应当反映农民专业合作社的业务范围或者经营特点。名称中的组织形式应当标明"专业合作社"字样。名称中不得含有"协会""促进会""联合会"等具有社会团体性质的字样。

3. 农民专业合作社的业务范围包括农业生产资料的购买，农产品的销售、加工、运输、储藏以及与农业生产经营有关的技术、信息等服务。

4. 农民专业合作社的住所是其主要办事机构所在地，填写住所应当标明住所所在县（市、区）、乡（镇）及村、街道的门牌号码。

5. 农民专业合作社设立时自愿成为该社成员的人为设立人；设立人写不下的，可另备页面载明。

6. 农民专业合作社的成员应当符合《农民专业合作社登记管理条例》第十三条、第十四条的规定。成员类型分为农民成员、非农民成员、单位成员（企业、事业单位或者社会团体）三类。

7. 证照类别：农民成员为农业人口户口簿；非农民成员为居民身份证；单位成员为其登记机关颁发的企业营业执照或者登记证书。

8. 应当使用钢笔、毛笔或签字笔工整地填写表格或签名。

待工商部门核准后，工商部门下发“农民专业合作社名称预先核准通知书”（范本2-2），就可以进行下一步工作了。

（二）领取执照

全部准备材料齐全后，主管部门有一个审核证明，拿着这些材料到工商部门就可以进行注册登记。登记后，颁发营业执照。

二、办理合作社公章

- **办理部门** 公安局。
- **依据** 《公安部印章管理办法》。
- **提交材料** 合作社法人营业执照复印件、法定代表人身份证复印件、经办人身份证复印件。
- **收费内容** 刻章费，根据材料不同，几十至一百元不等。
- **注意事项** 目前农民专业合作社需要的公章有合作社行政章、合作社财务专用章、法定代表人人名章共三枚。根据需要还可以有合作社合同专用章等。

三、申领组织机构统一代码证

- **办理部门** 质量技术监督局。
- **依据** 《××省组织机构代码管理办法》。
- **提交材料**

（1）合作社法人营业执照副本原件及复印件一份；

（2）合作社法定代表人及经办人身份证原件及复印件一份；

（3）如受他人委托代办的，须持有委托单位出具的代办委托书面证明。

- **收费内容** 148元/证。工本费：正本每份10元，副本每份8元；技术服务费90

元；IC卡工本费每卡40元。

● **注意事项**

（1）合作社自工商局批准成立或核准登记成立之日起30日内办理组织机构统一代码证。

（2）代码证有效期为4年，到期须要换证；代码证实行年检制度；年审费25元/次。

四、申领税务登记证

● **办理部门**　国家、地方税务局。

● **依据**　《税务登记管理办法》。

● **提交材料**

（1）法人营业执照副本及复印件；

（2）组织机构统一代码证副本及复印件；

（3）法定代表人（负责人）居民身份证或者其他证明身份的合法证件复印件；

（4）经营场所房屋产权证书复印件；

（5）成立章程或协议书复印件。

● **收费内容**　2009年中央1号文件明确，将合作社纳入税务登记系统，免收税务登记工本费。

● **注意事项**

（1）合作社应当自领取工商营业执照之日起30日内申报办理税务登记，未按照规定期限申报办理者，可处2 000元以下的罚款；

（2）税务登记证定期验证、换证和年检，1年验证1次，3年更换1次。

五、办理银行开户和账号

● **办理部门**　任意一家商业银行、农村信用社。

● **依据**　《银行账户管理办法》。

● **提交材料**

（1）法人营业执照正、副本及其复印件；

（2）组织机构统一代码证正、副本及其复印件；

（3）农民专业合作社法定代表人的身份证及其复印件；

（4）经办人员身份证明原件、相关授权文件；

（5）税务登记证正、副本及其复印件；

（6）合作社公章和财务专用章及其法定代表人名章。

● **收费内容**　不收费。

● **注意事项**　在银行办理完账号、账户后，需要提交账户到国家税务局，每月到国税局报税。

能力转化

◆记一记

1. 农民专业合作社设立登记需要提交哪些文件？

2. 农民专业合作社章程需要包含哪些内容？

◆议一议

1. 农民专业合作社税务登记证如何办理？

2. 农民专业合作社的注册登记要与哪些国家机关打交道？

◆想一想

1. 召开农民专业合作社设立大会需要哪些准备工作？

2. 农民合作社成立大会应该怎么开，需要什么程序？

◆做一做

1. 学员分组扮演政府部门工作人员和申请合作社营业执照的设立人，再现合作社营业执照申领程序。

2. 自制一个农民专业合作社筹建的路线图，并标明可能出现的问题，根据所学知识找到解决的方法。

单元三

农民专业合作社的组织管理

项目一　农民专业合作社的成员管理
项目二　农民专业合作社的组织机构与民主管理

【学习目标】

1. 了解加入农民专业合作社需要具备的条件。
2. 熟悉农民专业合作社成员的权利和义务。
3. 熟悉农民专业合作社的组织机构。
4. 理解农民专业合作社的表决制度。
5. 了解农民专业合作社的业务人员组成。

案例导入

资料齐全后，老郭顺利地在镇工商所注册成立了北镇生旺蔬菜专业合作社。合作社初建伊始，老郭、老王、老孙、老李还有老郭的女婿小张在一起开会研究，先粗略地分了个工。大伙推荐老郭任理事长，其余 4 人为理事，老王任执行监事。有事儿大家在一块儿商量，对外由老郭出面，在内 5 人各自负责自家棚菜的生产管理。老郭技术强，负责对合作社的其他 4 个棚统一进行技术指导。眼看，合作社棚菜的第一个丰收季就要来了。老郭几个又聚到了一起，商量怎么卖菜。

在村里，有专门从事棚菜买卖的经纪人。通过与经纪人联系，老郭他们合作社的棚菜很快就出手了。因为是合作社统一出菜，量大、集中，经纪人也愿意与他们合作，收菜的价格也比散户高了一成。

看到老郭他们的棚菜卖出了高价，周边的散户都非常羡慕，纷纷要求入社。老郭一看大伙儿入社的积极性非常高，也想带动周围的乡亲集体致富，就决定要吸纳散户入社。

半年后，北镇生旺蔬菜专业合作社的菜棚发展到 12 个，果棚发展到 15 个，社员一百多人。老郭一天到晚都扑到了合作社的发展上，也顾不上家了。

合作社的规模越来越大，北镇生旺蔬菜专业合作社的理事们又凑到了一起，研究怎样完善组织机构，更有效地促进合作社的发展。

他们决定按照合作社目前的发展情况，对业务进行重新划分。在理事会负责的大框架下，分设采购、生产、销售三个部门，外聘会计两人分别负责现金和账务。

组织机构明确了，人员也很快到位了，北镇生旺蔬菜专业合作社发展的步伐更紧密了。

◆ 案例分析

在合作社初建时期组织机构，大多并不是十分明确。很多合作社的组织机构仅仅是停留在纸面上。农民专业合作社是一个特殊的企业实体，是一个法人机构，是农民抗击市场风险的一种手段，需要有懂管理、善经营的决策者和管理者加盟。合作社发展到一定规模时，可以引入职业经理人制度。职业经理人向合作社理事会负责。重大决策经理事会决定后交由职业经理人执行。合作社财务人员最低配备两人，现金与账务分开，严格执行财务制度。在当前我国大力发展现代农业，转变生产方式，打造职业农民的大背景下，农民专业合作社的发展需要各种专门技术人才的加入。对于一个合作社来说，选才用人、搭建合适的组织机构是合作社理事会的重要职责。

项目一　农民专业合作社的成员管理

一、加入农民专业合作社需要具备的条件

根据《农民专业合作社法》规定，农民专业合作社的自然人成员要符合两个条件：一是须为中国公民，这是对自然人成员国籍身份的要求；二是须具有民事行为能力，即符合法定条件，并能以自己的名义在合作社中享有权利、承担义务。

对于企业、事业单位和社会团体而言，要求其必须从事与农民专业合作社业务直接有关的生产经营活动。这一规定首先肯定了企业、事业单位和社会团体等组织形态可以以组织成员的身份加入农民专业合作社，同时针对法人及有关非法人组织成员，又强调了经营业务的相关性。允许多种形式的组织成为农民专业合作社的成员，既可以增强合作社的经营实力，又可以使各种组织通过合作提高自身的竞争力，实现双赢。

> 成为农民专业合作社的成员除了必须符合《农民专业合作社法》关于成员资格条件的有关规定以外，还须承认并遵守农民专业合作社章程，履行章程规定的入社手续。
>
> 《农民专业合作社法》第十四条明确规定，具有管理公共事务职能的单位不得加入农民专业合作社。

二、农民专业合作社成员拥有的权利

根据《农民专业合作社法》第十六条的规定，农民专业合作社的成员享有以下权利：

1. 参加成员大会，并享有表决权、选举权和被选举权

● **参加成员大会**　这是成员的一项基本权利。成员大会是农民专业合作社的权力机构，由全体成员组成。农民专业合作社的每个成员都有权参加成员大会，决定合作社的重大问题，任何人不得限制或剥夺。

● **行使表决权，实行民主管理**　农民专业合作社是全体成员的合作社，成员大会是成员行使权利的机构。作为成员，有权通过出席成员大会并行使表决权，参加对农民专业合作社重大事项的决议。

● **享有选举权和被选举权**　理事长、理事、执行监事或者监事会成员，由成员大会从本社成员中选举产生，依照《农民专业合作社法》和章程的规定行使职权，对成员大会负责。所有成员都有权选举理事长、理事、执行监事或者监事会成员，也都有资格被选举为理事长、理事、执行监事或者监事会成员，但是法律另有规定的除外。在设有成员代表大会的合作社中，成员还享有成为成员代表的选举权和被选举权。

2. 利用本社提供的服务和生产经营设施

农民专业合作社以服务成员为宗旨，谋求全体成员的共同利益。作为农民专业合作社

的成员，有权利用本社提供的服务和本社置备的生产经营设施。

3. 按照章程规定或者成员大会决议分享盈余

农民专业合作社获得的盈余依赖于成员产品的集合和成员对合作社的利用，是由于成员为合作社提供产品或者利用合作社的服务形成的，本质上属于全体成员。因此，法律保护成员参与盈余分配的权利，成员有权按照章程规定或成员大会决议分享盈余。

4. 享有合作社事务的知情权和查询权

合作社成员有权查阅本社的章程、成员名册、成员大会或者成员代表大会记录、理事会会议决议、监事会会议决议、财务会计报告和会计账簿。成员是农民专业合作社的所有者，对农民专业合作社的事务享有知情权，有权查阅相关资料，特别是了解农民专业合作社的经营状况和财务状况，以便监督农民专业合作社的运营。

5. 章程规定的其他权利

上述规定是《农民专业合作社法》规定成员享有的权利。此外，章程在同《农民专业合作社法》不抵触的情况下，还可以规定成员享有的其他权利。

三、农民专业合作社成员要承担的义务

农民专业合作社在从事生产经营活动时，为了实现全体成员的共同利益，需要对外承担一定义务，这些义务需要全体成员共同承担，以保证农民专业合作社及时履行义务和顺利实现成员的利益。

根据《农民专业合作社法》第十八条的规定，农民专业合作社的成员应当履行以下义务：

1. 执行成员大会、成员代表大会和理事会的决议

成员大会和成员代表大会的决议，体现了全体成员的共同意志，成员应当严格遵守并执行。

2. 按照章程规定向本社出资

明确成员的出资通常具有两个方面的意义：一是以成员出资作为组织从事经营活动的主要资金来源，二是明确组织对外承担债务责任的信用担保基础。就农民专业合作社而言，因其类型多样，经营内容和经营规模差异很大，所以，对从事经营活动的资金需求很难用统一的法定标准来约束。而且农民专业合作社的交易对象相对稳定，交易相对人对交易安全的信任主要取决于农民专业合作社能够提供的农产品，而不仅仅取决于成员出资所形成的合作社资本。由于我国各地经济发展的不平衡以及农民专业合作社的业务特点和现阶段出资成员与非出资成员并存的实际情况，一律要求农民加入专业合作社时必须出资或者必须出法定数额的资金，不符合目前发展的现实。因此，成员加入合作社时是否出资及其出资方式、出资额、出资期限，都需要由农民专业合作社通过章程来决定。

3. 按照章程规定与本社进行交易

农民加入合作社是要解决在独立的和生产经营中个人无力解决、解决不好或个人解决不合算的问题，是要利用和使用合作社所提供的服务。成员按照章程规定与本社进行交易，既是成立合作社的目的，也是成员的一项义务。成员与合作社的交易，可能是交售农

产品，也可能是购买生产资料，还可能是有偿利用合作社提供的技术、信息、运输等服务。成员与合作社的交易情况，按照《农民专业合作社法》第三十六条的规定，应当记载在该成员的账户中。

4. 按照章程规定承担亏损

由于市场风险和自然风险的存在，农民专业合作社的生产经营可能会出现波动，有的年度有盈余，有的年度可能会出现亏损。合作社有盈余时分享盈余是成员的法定权利，合作社亏损时承担亏损也是成员的法定义务。

5. 章程规定的其他义务

成员除应当履行上述法定义务外，还应当履行合作社章程结合本社实际情况规定的其他义务。

四、农民专业合作社成员资格终止的条件

作为自愿联合的互助型经济组织，农民专业合作社对其成员实行“入社自愿，退社自由”的原则，社员可根据自身情况要求退社或被迫退社，终止成员资格。《农民专业合作社法》对不同情况的成员资格终止，做出了具体规定：一是主动要求退社的，二是丧失民事行为能力的，三是死亡的，四是团体成员所属企业或组织破产、解散的，五是被本社除名的。

专家支招

农民专业合作社成员如何主动要求退社

农民专业合作社成员要求退社的，应当在财务年度终了的 3 个月前向理事长或者理事会提出；其中，企业、事业单位或者社会团体成员退社，应当在财务年度终了的 6 个月前提出；章程另有规定的，从其规定。退社成员的成员资格自财务年度终了时终止。

知识链接

农民专业合作社成员被除名的情形

成员有下列情形之一的，经成员大会或者理事会讨论通过予以除名：

1. 不履行成员义务，经教育无效的；
2. 给本社名誉或者利益带来严重损害的；
3. 成员共同决议的其他情形。

合作社对被除名成员，退还记载在该成员账户内的出资额和公积金份额，结清其应承担的债务，返还其相应的盈余所得。因给本社名誉或者利益带来严重损害被除名的，须对本社做出相应赔偿。

五、农民专业合作社成员资格终止后债权、债务的处理

成员在其资格终止前与农民专业合作社已订立的合同，应当继续履行；章程另有规定或者成员与本社另有约定的除外。

成员资格终止的，农民专业合作社应当按照章程规定的方式和期限，退还记载在该成员账户内的出资额和公积金份额；对成员资格终止前的可分配盈余，依照《农民专业合作社法》第三十七条第二款的规定向其返还。

资格终止的成员应当按照章程规定，分摊资格终止前本社的亏损及债务。

如果农民专业合作社成员死亡，其法定继承人符合法律及本社章程规定条件的，在章程规定的时间内提出入社申请，经成员大会或者理事会讨论通过后办理入社手续，并承继被继承人与本社的债权债务。否则，按照退社办理。

六、社员的教育与培训

重视对社员的教育、培训一直是国际合作社联盟所强调的内容，这一点对于发挥合作社的功能和促进合作社健康发展尤为重要。因此，为了合作社的发展壮大，政府及相关部门应加强对合作社管理人员及合作社社员的教育和培训，通过发放与合作社建设相关的教材、报纸杂志等资料，使农民了解合作社；通过广播、标语、电视等各种宣传工具宣传《农民专业合作社法》及合作社经营管理经验，使管理人员及广大合作社社员理解合作社章程、了解合作社的运营，促进合作社的健康发展。

加强对社员的教育与培训，可以提高成员的综合素质，是农民专业合作社发展壮大的基石。农民专业合作社应该建立健全培训制度，建设合作社人才支撑体系，构建农民专业合作社文化。

1. 对培训对象进行归类、实施专门化培训

对合作社从业人员进行培训是为了提高其职业能力，在培训体系构建的过程中，需要充分考虑培训对象、培训原因和培训目标。合作社从业人员在合作社中发挥的作用是不同的，按照职能可以分为：合作社负责人、财会人员、营销人员、农业生产第一线人员等，这几类人员在合作社发挥的作用不同，培训内容也不同，需要设计针对性的培训方案。如打破地域界限，对同一个层次（职能）进行组班，重点突出培训的方向，并根据市场动态，及时跟进变化步骤，适时整合培训计划，做到有的放矢。

2. 设计符合实际、注重动态变化的培训内容

合作社从业人员的培训内容，除了针对不同管理层级的需要，还应该结合合作社不同的发展需要而展开。为了提升课程内容的操作性和适用性，在教材的编排方面应注意：培训教材应图文并茂、用词简洁；根据实际需要在内容上应包括财税手册、员工手册、合作社管理基础实务、农产品营销实务、农产品品牌经营知识等。还可以根据合作社不同的发展阶段，动态设计培训内容，如在合作社初创阶段，培训内容中可以增加合作社成功经营的故事（案例），合作社专项扶持政策等，以增强合作社成员的信心；在合作社巩固发展阶段，可以增加规范经营、合作社法规、内部控制管理、市场信息分析和处理、市场竞争等内容，以提高合作社成员的市场运作能力。

3. 采取多种形式的培训方法

合作社从业人员的培训可以根据不同层次建议采取不同形式。对生产管理人员可以借助利用现有的生产基地和工作环境，了解规范操作流程，以提高胜任工作的能力培训，如针对食品加工型的合作社，建议到本地加工企业，学习食品处理的技能和经验。对经营层次的人员可以采取课堂专题讲座形式，利用当地农业院校和培训师对从业人员进行集中式的专题培训，使其在短时间内提升管理技能和知识，激发工作热情。对于目标不明确的学员可以到现场参观，由培训教师组织培训学员参观经营成功的示范社，采取行内人员经验介绍、专家点评的方式，让学员学习、体会合作社经营过程中的经验。

4. 甄选内外兼修的培训师

根据合作社发展和经营的需要，结合当地发展的实际情况，培训教师应该在熟悉农业资源禀赋的前提下，设计不同的培训目标。根据合作社从业人员的岗位，结合发展目标的程度，培训师的来源要因“社”而宜。如针对专业技术人员，培训师宜来自当地的农业院校和农业一线的技术人员，采取手把手方式指导农业实用技术技能；针对合作社中层管理人员，师资主要来自高校的管理培训师（教授），培训内容以农产品品牌培育、经营管理技能为主；针对于合作社董事会成员（负责人），需要高级管理培训师来完成培训任务，主要是成功经营示范社的负责人通过介绍自己长期经营的经验，对其他合作社的相关学员起到启迪作用，在未来合作社经营中可以把握好方向、少走弯路。

从合作社发展的探索和实践可以看出，合作社要强化对社员的技术培训，积极争取政府的政策支持，增强与龙头企业的合作，增进与行业协会及其他中介组织的联系。合作社的运营一定要坚持“合作制”原则。同时，农民专业合作社要努力增强组织、协调、管理和经营的能力，即在研究政策和市场、交流信息和技术、促进互助和合作等方面发挥好组织作用；在农民由单纯生产到进入加工和销售环节及逐步发展壮大的过程中发挥好中介和载体作用；在技术推广、统一标准和提高质量的过程中发挥好服务作用；在开拓市场、搞活经营、增加合作社和农民收入的过程中发挥好领军作用。

项目二　农民专业合作社的组织机构与民主管理

科学合理地设置农民专业合作社的内部机构，是体现农民专业合作社宗旨、实现成员行使民主权利、保证组织规范运作的基本条件。农民专业合作社通常设置以下机构：成员大会、成员代表大会、理事长或者理事会、执行监事或者监事会、经理等。考虑到每个农民专业合作社的规模不同、经营内容不同，设立的组织机构也并不完全相同。《农民专业合作社法》对合作社一些机构的设置不是强制性规定，而是规定要由章程决定。如经营性合作社还可根据需要由理事会聘请经理，组织经营机构，专事农民专业合作社的经营活动。

一、成员大会及成员代表大会

（一）成员大会

农民专业合作社的成员大会由农民专业合作社的全体成员组成，成员大会是农民专业合作社的权力机构，负责就合作社的重大事项做出决议，集体行使权力。成员大会以会议的形式行使权力，而不采取常设机构或者日常办公的方式。成员参加成员大会是法律赋予所有成员的权利，也是合作社"成员地位平等，实行民主管理"原则的体现，所有成员都可以通过成员大会参与合作社事务的决策和管理。

（二）成员大会的召开

成员大会行使自己权力的形式就是召开会议。《农民专业合作社法》规定，成员大会至少每年召开一次。每个合作社可以根据自身情况，适当增加召开会议的次数，并写入章程。成员大会依其召开时间的不同分为定期会议和临时会议两种。

1. 定期会议

定期会议是成员大会行使权力的最主要方式。何时召开会议应当按照农民专业合作社章程的规定，如规定一年召开几次会议、什么时候召开等。

2. 临时会议

农民专业合作社在生产经营过程中，可能会出现一些特殊情况，需要由成员大会审议决定某些重大事项。如未到章程规定召开定期成员大会的时间，则可以临时召开成员大会。《农民专业合作社法》第二十四条规定，符合下列三种情形之一的，应当在20日内召开临时成员大会：①30%以上的成员提议；②执行监事或监事会提议；③理事会提议；④章程规定的其他情形。

知识链接

农民专业合作社成员（代表）大会的职权

农民专业合作社的成员大会是合作社最高权力机构，它由全体成员组成。所有成员都可以通过成员大会投票等表决方式，集体行使权力，就合作社的重大事项做出决议。法律规定成员大会的职权主要有：

1. 修改章程。合作社章程的修改，需要由本社成员表决权总数的2/3以上通过。

2. 选举和罢免理事长、理事、执行监事或者监事会成员。

3. 决定重大财产处置、对外投资、对外担保和生产经营中的其他重大事项。上述重大事项是否可行、是否符合合作社和大多数成员的利益，应由成员大会来做出决定。

4. 批准年度业务报告、盈余分配方案、亏损处理方案。经过审批，成员大会认为方案符合要求的可以予以批准，反之则不予以批准。不予批准的，可以责成理事长或理事会重新拟订有关方案。

5. 对合并、分立、解散、清算做出决议。合作社的合并、分立、解散关系合作社的存续状态，与每个成员的切身利益相关。因此，这些决议至少应当由本社社员表决权总数的2/3以上通过。

6. 决定聘用经营管理人员和专业技术人员的数量、资格和任期。成员大会有权决定合作社聘用管理人员和技术人员的相关事项。

7. 听取理事长或者理事会关于成员变动情况的报告。成员变动情况关系到合作社的规模、资产和成员获得收益和分担亏损等诸多因素，成员有必要及时了解成员的增加或减少的变动情况。

8. 章程规定的其他职权。除上述七项职权以外，章程还可以根据本社的实际情况做出其他的规定。

知识链接

农民专业合作社成员大会与成员代表大会的关系

成员大会是法定的合作社的权力机构，而成员代表大会不是法律规定的必设机构。成员大会与成员代表大会的职权也不尽相同，成员大会行使法律赋予的七项职权及章程规定的其他职权，而成员代表大会只能按照章程的规定行使成员大会的部分职权或者全部职权。

（三）成员代表大会

农民专业合作社存在发展规模、成员分布地域等不同情况，要求所有成员在统一的时间内集中在一起召开成员大会往往难以实现。为了保证合作社成员能够依法有效行使民主管理的权力，降低召开成员大会的成本，提高议事效率，《农民专业合作社法》第二十五条规定，成员超过 150 人的农民专业合作社可以设立成员代表大会。成员总数达到这一规模的合作社，可以根据自身发展的实际情况决定是否设立成员代表大会，《农民专业合作社法》并不做强制性规定，需要设立成员代表大会的合作社，应当在章程中载明相关事项并按照章程的规定设立成员代表大会。

二、理事会及理事长

《农民专业合作社法》第二十六条规定：农民专业合作社设理事长一名，可以设理事会。理事长为本社的法定代表人。由此，法律规定合作社都要设理事长。理事会可以设立，也可以不设立。农民专业合作社作为法人进行工商登记后从事生产经营活动，必须从设立起就明确合作社的法定代表人。因此《农民专业合作社法》规定，理事长为本社的法定代表人。合作社设理事长是《农民专业合作社法》明确规定的，不管合作社的规模大小、成员多少，也不管合作社有无理事会，都要设理事长。

对于有些合作社规模较小，成员人数很少，没有必要设立理事会的，由一个成员信任的人作为理事长来负责合作社的经营管理工作就可以了，这样有利于精简机构，提高效率。合作社是否设立理事会及理事的人数，《农民专业合作社法》并未做强制性规定，而由合作社章程规定。理事长、理事会由成员大会从本社成员中选举产生，对成员大会负责，其产生办法、职权、任期、议事规则由章程规定。

知识链接

理事会的职权范围

1. 组织召开成员大会并报告工作，执行成员大会决议。
2. 制订本社发展规划、年度业务经营计划、内部管理规章制度等，提交成员大会审议。
3. 制订年度财务预决算、盈余分配和亏损弥补等方案，提交成员大会审议。
4. 组织开展成员培训和各种协作活动。
5. 管理本社的资产和财务，保障本社的财产安全。
6. 接受、答复、处理执行监事或者监事会提出的有关质询和建议。
7. 决定成员入社、退社、继承、除名、奖励、处分等事项（如章程规定属于成员大会的权限的，删除此项）。
8. 决定聘任或者解聘本社经理、财务会计人员和其他专业技术人员。
9. 履行成员大会授予的其他职权（如不制定具体规定，删除此项）。

知识链接

理事长的职权范围

1. 主持合作社的日常工作，负责召开理事会议。
2. 根据成员（代表）大会和理事会的决定，组织实施年度生产经营计划和生产、经营、服务活动。
3. 组织拟订本社内部业务机构和各项制度。
4. 代表本社对外签订合同、协议和契约。
5. 提请聘请或者解聘本社财务人员和其他管理人员。
6. 组织落实本社的各项任务。
7. 履行本社章程和理事会授予的其他职责。

三、执行监事及监事会

执行监事或者监事会是农民专业合作社的监督机构，对合作社的财务和业务执行情况进行监督。执行监事是指仅由一人组成的监督机构，监事会是指由多人组成的团体担任的监督机构。依照《农民专业合作社法》第二十六条的规定，农民专业合作社可以设执行监事或者监事会。农民专业合作社的监督是由全体成员进行的监督，强调的是成员的直接监督。

《农民专业合作社法》规定执行监事或者监事会不是农民专业合作社的必设机构。如果成员大会认为需要提高监督效率，可以根据实际情况选择设执行监事或者监事会。是否设执行监事或监事会由合作社在章程中规定。一般来讲，合作社设执行监事的，不再设监事会。执行监事或者监事会的职权由合作社的章程具体规定。

知识链接

监事会（执行监事）的职权范围

1. 监督理事会、理事长执行成员大会决议和本社章程的情况。
2. 监督检查本社的生产经营业务情况，负责本社财务审核监察工作。
3. 监督理事长或者理事会成员和经理履行职责情况。
4. 向成员大会提出年度监察报告。
5. 向理事长或者理事会提出工作质询和改进工作的建议。
6. 提议召开临时成员大会。
7. 代表本社负责记录理事与本社发生业务交易时的业务交易量（额）情况。
8. 履行成员大会授予的其他职责。

四、农民专业合作社的表决制度

理事会、监事会会议表决，实行一人一票。附加表决权不适用理事会、监事会的表决。

决议方法就是农民专业合作社在就某一问题做出决议时，需要多少票可以使决议获得通过的规定。《农民专业合作社法》规定，农民专业合作社召开成员大会，出席人数应当达到成员总数的2/3以上。成员大会选举或者做出决议，应当由本社成员表决权总数过半数通过；做出修改章程或者合并、分立、解散的决议，应当由本社成员表决权总数的2/3以上通过。章程对表决权数有较高规定的，从其规定。

五、农民专业合作社的业务人员管理

1. 选聘优秀管理人才

一般来说，农民专业合作社的业务人员主要是经营管理人员，包括合作社专门聘任的经理（社长）、副经理和财务会计等专业技术人员。

知识链接

农民专业合作社成员的附加表决权

所谓附加表决权，是农民专业合作社在基本表决权的基础上，根据成员出资和成员与本社交易数量或交易金额所设定的附加的对本社有关重大事项进行表决的权利。

附加表决权是一般表决权的一个附加和补充，更有利于促进民主管理的实现，在一人一票的基础上，适当加以补充，更有利于激起成员为组织服务的热情，有利于维护平等原则，体现社会主义制度下的按劳分配，多劳多得的政策。

根据《农民专业合作社法》的规定，出资额或者与本社交易量（额）较大的成员按照章程规定，可以享有附加表决权。

理解和设置附加表决权应当注意：

1. 附加表决权是对出资额或者与本社交易量（额）较大的成员对合作社做出的一种肯定。

2. 附加表决权的作用是有限的，因为法律规定一个合作社的附加表决权总票数，不得超过本社成员基本表决权总票数的20%。

3. 农民专业合作社对附加表决权的设置是有选择的，其可以选择不设置附加表决权，也可以选择设置附加表决权；选择设置附加表决权的合作社还可以在《农民专业合作社法》规定的限度内，自行决定本社附加表决权总票数占本社成员基本表决权总票数的百分比，如5%或者10%；此外，章程还可以对附加表决权行使的范围做出限制。

4. 根据《农民专业合作社法》第二十六条的规定，附加表决权不适用理事会、监事会的表决。

专家提示

农民专业合作社经营管理人员应当具备的基本素质

1. 熟悉当地农业、农村和农民的基本情况，热心服务“三农”工作，热爱基层。
2. 热爱合作社事业，愿意为农民专业合作社做出奉献。
3. 掌握与履行本岗位职责相适应的业务知识和工作技能，具有较强的沟通协调能力和组织管理能力。
4. 遵守法纪，廉洁自律，处事公允，不畏艰苦。

专家提示

农民专业合作社管理人员不得兼（担）任的职务

《农民专业合作社法》规定，农民专业合作社的理事长、理事、经理不得兼任业务性质相同的其他农民专业合作社的理事长、理事、监事、经理。做出这一规定，是为了保证他们全心全意服务本社成员，并保障本社成员的利益不受损失。同时规定，执行与农民专业合作社业务有关公务的人员，不得担任农民专业合作社的理事长、理事、监事、经理或者财务会计人员。其中，“有关公务的人员”包括国家公务员和各级政府为农业服务的相关机构中执行相应公务的人员。

经理（社长）按照章程规定和理事长或者理事会授权，在理事会（理事长）的领导下工作，对理事会（理事长）负责。具体负责农民专业合作社的日常经营管理业务，将理事会制订和社员（代表）大会通过的决策贯彻到日常经营工作中，制订具体的工作方案，并加以实施。

其他经营管理人员包括财务会计人员、生产技术人员、市场营销人员、基地开发人员等，对于规模较大的农民专业合作社，可以设立相应的业务机构。

农民专业合作社经营管理人员的选聘可以实行公开招聘方式，也可以从农民专业合作社内部直接提拔任用。经理（社长）由理事会（理事长）决定聘任，也由其决定解聘。在积极搞好农民专业合作社经营管理人员选聘工作的同时，理事会、监事会还必须重视加强经营管理人员的培训，使之能够适应农民专业合作社发展的需要。

2. 健全内部管理制度

农民专业合作社建立健全各种管理制度，对于加强日常管理，有效监督生产，提高工作效率、增加经济效益，都将发挥重要作用。内部管理制度应根据合作社实际而定，一般应包括以下内容：成员管理办法，民主议事决策制度，目标考核制度，成员定期培训制度，风险保障制度，社（会）务公开制度，财会制度，年度决算盈余返还制度，股金筹集制度，购销管理办法，科技推广制度，档案管理制度等。

3. 限定合作社管理人员的不良行为

农民专业合作社的理事长、理事和管理人员等，在任职期间不得从事损害农民专业合作社利益的活动。根据《农民专业合作社法》第二十九条第一、二款的规定，农民专业合作社的理事长、理事和管理人员不得有下列违反忠实义务的行为：一是侵占、挪用或者私分本社资产；二是违反章程规定或者未经成员大会同意，将本社资金借贷给他人，或者以本社资产为他人提供担保；三是接受他人与本社交易的佣金归为己有；四是从事损害本社经济利益的其他活动。这些活动不仅要严加禁止，而且一旦给合作社造成损失，还要承担赔偿责任。情节严重构成犯罪的，还应当依法追究刑事责任。

能力转化

◆记一记

1. 农民专业合作社成员拥有哪些权利?

2. 农民专业合作社成员需要承担的义务有哪些?

3. 农民专业合作社成员（代表）大会的职权有哪些?

◆议一议

1. 在什么情况下才能终止农民专业合作社成员的资格，怎么终止？如何处理成员资格被终止后的债权、债务?

2. 老张说："参加农民专业合作社就是能增加点儿收入，培训不培训的，有没有都没什么关系。"

这种说法对吗，为什么？请结合实际，讨论农民专业合作社社员教育与培训的作用。

3. "合作社开会了，听说要对是否从王营子种业经销部进种子进行表决。"老王自打听到这个消息后心里就在犯嘀咕，这从哪进种子用得着表决吗？社长拍板不就行了吗?

分组讨论老王的想法是否正确，并结合本案例讨论理事长的职权范围，并讨论农民专业合作社成员的附加表决权有什么作用?

◆想一想

农民专业合作社的管理人员为什么不得兼（担）任业务性质相同的其他农民专业合作社的理事长、理事、监事、经理?

◆做一做

拟写一份召开农民专业合作社成员（代表）大会的会议程序。

单元四

农民专业合作社的生产经营管理

项目一　建立合作社农产品生产基地
项目二　开展农业标准化生产
项目三　农产品质量安全认证

农村经济

【学习目标】

1. 了解合作社建立农产品生产基地的原则和工作步骤。
2. 掌握合作社组织标准化生产的工作程序。
3. 掌握合作社构建农产品质量安全体系的措施。

案例导入

临近元旦，北镇生旺蔬菜专业合作社又迎来了销售高峰。老郭乐呵呵地在各家的大棚走动着。当他来到社员王新家大棚前，正好听到王新的媳妇正在埋怨王新。

“你看你同样是种棚菜，人家张虹家一棚能卖三万五。咱家可好，只卖两万八。”

沉默的王新正蹲在角落里大口大口地吸着烟，不发一言。一看这情况，老郭知道这小两口是在闹矛盾呢。他赶紧上前劝解，并蹲下来和王新一起查找原因。

原来，在这一季棚菜的生产过程中，王新家棚里的温度没有控制好，产量偏低，菜的质量也不太高，直接导致了小两口经济收入的下降。找到了原因，老郭也陷入了深思。他把这件事作为一个议题，召集合作社的理事们坐下来一起研究。大家经过讨论，一致认为要加强合作社的生产管理，统一棚菜生产标准，提高棚菜质量，确保社员的利益不受损害。

北镇生旺蔬菜专业合作社在原有组织机构上又增设了质量监察组和生产技术组负责棚菜的标准化生产，并将全体社员的大棚进行了重新规划，人员进行重新定位。按照农产品产出种类，将生产区划分为蔬菜生产区和水果生产区。社员打乱家庭编制，统一生产计划，统一供应农资，统一技术标准，统一产品认证，统一指导服务，统一加工销售，规模化生产，规模化经营。社员收入与生产实绩相挂钩，一个生产季一结算。

◆ 案例分析

越来越多的老百姓意识到食品安全对健康的重要性，关注食品安全，关注农产品安全，对农产品质量安全提出了新的要求。“民以食为天，食以安为先。”农产品质量的提高必然涉及农产品的标准化生产。农民专业合作社必须高度重视农产品质量安全，以提高合作社农产品的信誉和市场竞争力，才是从消费者的角度考虑问题，才能维护生产者、经销商、用户和消费者各方的权益。

项目一 建立合作社农产品生产基地

农产品生产基地也称“农产品商品基地”，是指在全国或地区商品经济中占重要地位的某种农产品的集中生产地区。主要有粮食生产基地、棉花生产基地、油料生产基地、糖料生产基地、热带作物生产基地、蔬菜生产基地、林业生产基地、牧业生产基地和渔业生产基地等。

就合作社来讲，农产品生产基地就是为了满足某种特定需求，人为确定或形成的具有一定幅员和产量规模的农产品生产区域。它一般以合作社主营的某类农产品销售或农产品深加工为依托，结合当地的自然资源和经济资源优势，组织本合作社内的全体成员，统一生产某项农产品，最终形成一定规模，达到增产增收的目的。

一、合作社建立农产品生产基地的意义

建立农产品生产基地，一是可以充分利用当地资源，实现生产的专业化和种植的区域化，使基地尽可能成方连片，形成规模优势，有利于提高农产品的产量和商品率。二是通过采用先进技术装备，开展农产品加工，强调生产技术规程的组织实施，促进优化农产品区域布局和延长农业产业链条，提升农产品的综合利用水平，有利于提高农业综合效益。三是通过构建产前、产中、产后的一体化经营模式，实行专业化、集约化经营，推行农资供应、病虫害防治等统一服务，有利于吸纳农村富余劳动力就业，增加农民收入。

二、合作社建设农产品生产基地的原则

农民专业合作社在创建农产品生产基地时要遵循的原则有：

1. 以市场需求为导向

遵循市场经济规律，发展优质、安全、生态、方便、营养的农产品，不断适应和满足市场需求。

2. 发挥区域比较优势

因地制宜，充分发挥其资源、经济、市场和技术优势，依托优势农产品专业化生产区域，发展优势、特色农产品加工业，逐步形成农产品和加工产业带，实现农产品加工业原料基地的有机结合。

3. 适度规模经营

建设农产品基地，要与发展农产品加工业的规模和市场需求相适应。

4. 采用先进实用技术

保护和发展具有地域特色的传统技术，选用先进实用的技术和绿色、无公害生产技术

装备，积极引进和开发高新技术。

5. 发展和保护相结合

坚持高标准、严要求，采取保护生态环境的措施。

三、合作社农产品生产基地的创建

1. 选择生产项目

生产项目有主导项目、补充项目和辅助项目之分，项目选择就是回答“想做、可做、能做、得做”的过程。

- **想做** 是指一个项目的选择是在实现一个合作社的梦想，它是战略决策中的一个重要方面。
- **可做** 是指一个项目在客观上要属于好项目。
- **能做** 是指该合作社有无能力管理好这一项目。
- **得做** 是指在满足了“想做、可做、能做”的情况下，合作社的项目选择就成为顺理成章的事情。

项目选择要从实体的角度出发进行判断，要确保信息的准确，要考虑选择权归属，要分析项目的预期效益，要考虑再投资和技术进步等，正因为如此，项目选择是一门艺术。

2. 进行可行性研究

进行项目选择，要进行可行性研究，从项目建设的必要性、项目建设规模、项目的投资估算、项目的经济效益分析、项目建设方案的比较分析等方面进行综合分析论证，在得

专家提示

建设农产品生产基地的注意事项

1. 制订科学合理的规划。要根据当地资源等优势及本地实际，制订科学合理的发展规划，防止盲目建设。

2. 建立良好的运营机制。专业合作社的基地要与龙头企业对接。龙头企业要通过定向投入、定向服务、定向收购等方式，与专业合作社及社员建立稳定的合同关系和利益联结机制。专业合作社要与社员结成经济利益共同体，向社员订购绿色、无公害原料并向农民给予一定的利润返还。

3. 充分利用新的科技成果。农民专业合作社要加强与大专院校、科研院所的联系，掌握和了解所生产经营产品的最新科技信息，加大绿色产品、无公害产品、环保产品和设施农业的推广力度，强化检疫检测，打优势牌，走特色路，创名牌。要大力推广新品种、新技术、新工艺，生产新产品，不断增加产品的科技含量。专业合作社可聘请技术人员巡回指导，请大专院校、科研单位专家、学者举办讲座，办培训班对社员及农民进行培训。

4. 严格执行标准化生产和品牌化经营。

出有利的结论后，经社员大会或社员代表大会通过后，方可组织实施。对项目开展可行性研究，目的是使项目选择更为准确，避免造成决策失误。因此，进行可行性研究，就一定要客观公正，尽可能避免人为主观干预而成为“可批性研究”。

此外，也应该清醒地认识到，可行性研究的结论仅仅是一个项目取舍的建议，它不能代替合作社对该项目的决策。此项目上与不上，一定要由社员大会或社员代表大会决定。从这个意义上说，项目可行性研究仅仅是项目决策的一个辅助环节，但它是一个重要的环节，不可或缺。

> 农民专业合作社进行项目可行性研究，可以求助大专院校或科研院所的力量，也可以委托大专院校或科研院所来完成。

3. 确定运作模式

在运作模式的选择上，实力较强的合作社可以自建生产基地，采用“合作社＋农户”的运作模式，有利于增加合作社的整体收入，便于统一管理；经济实力不强的专业合作社，应积极与各类加工龙头企业、连锁超市联系，获得他们的支持，采用“公司＋合作社＋农户”的运作模式，与他们联合创办生产基地，实现基地的生产、经营、管理的一体化发展。

4. 做好质量管理

农民专业合作社的生产基地建设要根据自身条件，选择在交通便利、便于管理、不易受到污染的地方；要积极引进农业生产的新技术、新工艺，严格控制化肥农药的使用，建立健全质量控制措施；要按照国家无公害、绿色或有机产品生产基地生产、操作和管理的要求，加强生产基地的管理，争取成为国家无公害、绿色或有机农产品生产基地。

项目二　开展农业标准化生产

农业标准化，就是运用“统一、简化、协调、优化”的标准化原则，通过对农业生产的产前、产中、产后全过程制定标准和实施标准，达到促进先进农业科学技术迅速推广，确保农产品质量安全，规范农产品流通和交易秩序，提高农业的经济、社会和生态效益的目的。

一、农业标准化的内涵

1. 农业标准化是标准化在农业领域的运用，是以农业为对象的标准化活动。

2. 农业标准化旨在以市场为导向，建立健全规范的工艺流程和衡量标准，以保证农产品质量安全，规范农产品流通和交易秩序，从而提高农业的经济、社会和生态效益。

3. 农业标准化覆盖农业产前、产中、产后全过程。

4. 农业标准化活动包括了制定标准、实施标准和对标准实施进行监督三个环节。

二、合作社实施农业标准化的好处

在我国发展农业产业化的背景下，农民专业合作社实施农业标准化具有以下作用：

（一）农业标准化是合作社实行产业化经营的重要技术基础

随着农业产业化的发展，农业生产的社会化程度越来越高，生产规模越来越大，技术要求越来越严格，从而分工越来越细，生产协作越来越广泛。这种广泛的分工与合作必然要以统一的标准为依据。如辽宁省的朝阳富民食用菌专业合作社，共有社员800多户，要实现标准化生产是一件十分复杂的工作，为了保证产品的质量，该合作社实行了菌种供应统一、栽培技术培训统一、专业技术人员指导统一、产品包装统一、产品采摘规格统一、运输储藏统一，通过一系列的标准统一运作，使得该合作社的绿色平菇顺利通过国家质检标准，“古果牌”平菇成为辽宁省朝阳市唯一供应2008年北京奥运会的专用食品。从这一点看，标准就是一种约束力，是一种能对农业现代化生产技术和管理上进行干预的权威。

（二）农业标准化是实现合作社科学化管理的基础

1. 农业标准化为合作社管理提供目标和依据

农产品标准是农业生产目标在质量方面的具体化和定量化，各种农产品质量标准是生产经营活动在时间和数量方面的规律性反映。有了这些标准，便可为农民专业合作社编制生产计划、生产产品、保证产品质量等管理工作提供科学依据。

知识链接

农业标准化具体内容

1. 农业基础标准　是在一定范围内作为其他标准的基础并普遍使用的标准，主要是指在农业生产技术中所涉及的名词、术语、符号、定义、计量、包装、运输、储存、科技档案管理及分析测试标准等。

2. 种子、种苗标准　主要包括农、林、果、蔬等种子、种苗、种畜、种禽、鱼苗等品种种性和种子质量分级标准、生产技术操作规程、包装、运输、储存、标志及检验方法等。

3. 产品标准　是指为保证产品的适用性，对产品必须达到的某些或全部要求制定的标准，主要包括农林牧渔等产品的品种、规格以及质量分级、试验方法、包装、运输、储存、农机具标准、农资标准以及农业用分析测试仪器标准等。

4. 方法标准　是指以试验、检查、分析、抽样、统计、计算、测定、作业等各种方法为对象而制定的标准，包括选育、栽培、饲养等技术操作规程、规范、试验设计、病虫害测报、农药使用、动植物检疫等方法或条例。

5. 环境保护标准　是指为保护环境和有利于生态平衡，对大气、水质、土壤、噪声等环境质量、污染源检测方法以及其他有关事项制定的标准，如水质、水土保持、农药安全使用、绿化等方面的标准。

6. 卫生标准　是指为了保护人体和其他动物身体健康，对食品饲料及其他方面的卫生要求而制定的农产品卫生标准，主要包括农产品中的农药残留及其他重金属等有害物质残留允许量的标准。

7. 农业工程和工程构件标准　是指围绕农业基本建设中各类工程的勘察、规划、设计、施工、安装、验收以及农业工程构件等方面需要协调统一的事项所制定的标准，如塑料大棚、种子库、沼气池、牧场、畜禽圈舍、鱼塘、人工气候室等。

8. 管理标准　是指对农业标准领域中需要协调统一的管理事项所制定的标准，如标准分级管理办法、农产品质量监督检验办法及各种审定办法等。

2. 农业标准化有利于合作社整个管理系统功能的发挥

通过制订各种技术标准和管理标准，可以在合作社、生产资料供应商、加工企业及农户间建立生产技术和管理上的统一性，以保证合作社整个管理系统功能的发挥。

3. 农业标准化为合作社创造了横向联合的条件

开展农业标准化可以使合作社管理系统与合作社外部约束条件相协调，不仅有利于合作社解决生产资料的供应问题，而且可以使合作社具有适应市场变化的能力，为合作社创造了横向联合的条件。

（三）农业标准化有利于合作社提高农产品质量和市场竞争力

农民专业合作社通过建立农业标准化生产，可以引领农户按照生产标准组织生产活动，借助合作社提供的各项统一服务，达到保证农产品质量的目的。同时，通过统一注册产品商标，统一加工包装，提升合作社产品的市场竞争能力。如位于辽宁省铁岭市的昌图县广源农民蔬菜专业合作社生产的“九月绿”牌芸豆，无筋，无柴，营养丰富，口感极佳，获得了国家A级绿色食品认证，注册商标为“九月绿”牌芸豆。所生产的番茄符合国家无公害要求。“九月绿”芸豆在东北的大庆、哈尔滨、长春、吉林、四平等大城市享有很高的声誉，在市场上占有1/4的份额。每到采收季节，来自这些地方的客商络绎不绝，收菜的、卖菜的，几十辆车齐聚市场，交易繁忙，秩序井然。由于合作社有绿标、有品牌、有批发市场，所以蔬菜价格有时高出附近四平市市场零售价每千克0.2～0.4元，社员增加收入20万元。正是品牌的建设为该合作社提高了市场竞争力。

（四）农业标准化有利于合作社产品走向国际市场

农产品的国际市场一般对农产品的质量标准要求较高，尤其在农药残留方面的要求更是苛刻。如何引导合作社农产品打开国际市场，关键是要建立农业生产标准。如位于辽宁省锦州市的凌海市圣田蔬菜专业合作社从抓质量入手，对广大社员进行种植技术培训，包括农产品食品安全培训、蔬菜安全生产技术培训、放心菜配套技术培训、蔬菜农残检测技术培训。通过培训，使农民认识到放心菜生产的重要性，自觉规范地使用农业投入品，所生产的蔬菜都通过了农业规范GAP认证。合作社生产的西兰花、洋葱、胡萝卜、生菜远销到日本、韩国、新加坡、马来西亚、泰国以及我国香港等国家和地区，为凌海市的农产品出口创汇做出了巨大贡献。

三、合作社实施农业标准化的一般程序

（一）策划

策划的主要目的是根据市场需求和合作社的现状与发展目标，确立合作社农业标准体系建设的基本目标、原则和框架。

（二）制定与修订农业标准

农业标准体系由农业技术标准、农业管理标准、农业工作标准构成。

1. 农业技术标准

农业技术标准是对农业标准化领域中需协调统一的技术事项所制定的标准，主要包括农产品科研、生产、检测技术方法、农艺技术规程、技术装备、生产环境、安全卫生、农业环境条件标准等。

2. 农业管理标准

农业管理标准是对农业标准化领域中需要协调统一的管理事项所制定的标准，主要指在农业企业管理活动中所涉及的人力资源管理、基础设施管理、生产开发管理、生产过程质量控制、农产品服务规范、环境管理、安全卫生管理、农业投入品合理施放管理，以及种植、饲养、养殖、农（林、牧、水）产品初加工管理等。

专家提示

策划实施农业标准化的注意事项

1. 必须强调实施农业标准化要以市场需求为出发点，充分考虑合作社目标市场的需求情况和竞争对手产品的质量水平，并根据合作社的实际状况和发展目标，确定满足目标市场需求的质量目标。

2. 根据确定的质量目标，合理确定合作社基地产品质量标准的主要参数（即基地产品希望达到什么样的质量水平）。一般来说，合作社基地产品必须符合国家强制性标准的要求，在具体执行过程中，一般应严于国家推荐性标准。

3. 做好信息收集工作，包括市场需求数据、竞争对手产品质量情况及相关国家标准、行业标准、地方标准（包括农产品标准，食品、安全卫生、农业投入品限量标准，人身健康安全标准等）等，为制定合作社自身的生产标准提供依据。

4. 做好质量管理策划工作。通常质量管理策划应从三个方面进行设计：

- **质量计划**　确定质量目标及达成这一目标各工作环节的工作职责及程序；
- **质量控制**　采取控制措施，保证质量目标的实现；
- **质量改进**　采取措施，以保证产品质量与质量管理体系的持续改进。

3. 农业工作标准

农业工作标准是指对农民专业合作社生产管理范围内需要协调统一的工作事项所制定的标准，主要指在执行相应的技术标准和管理标准时，与工作岗位的职责，岗位工作人员基本技能，工作内容、要求、程序与方法，检查与考核等有关的要求。建立工作标准，便于考核各部门和各类人员完成工作任务的水平和程度，使管理工作定量化。

> 合作社根据策划的结果，制定合作社的农业标准。在标准的制定中应特别注意，要与现行国家、行业、地方标准的衔接配套；要从标准体系设计的角度开展标准制定活动；应根据技术、市场变化及国家、行业、地方标准的变化及时进行修订。

（三）做好各项准备工作

1. 思想准备

要使合作社全体社员及各方面参与方了解实施标准的重要意义和作用，自觉运用标准、执行和维护标准。

2. 组织准备

为加强对实施标准工作的领导，根据工作量大小，应组成由合作社主要领导牵头、农技人员组成的工作组，或设置专门机构负责标准的贯彻和实施。

3. 技术准备

包括制作宣传、培训材料，培训社员和各方面参与方；制定相关岗位工作规程（作业指导书）；对关键技术进行攻关；必要时开展标准实施的试点工作。

4. 物资条件准备

包括所需的设备、仪器、工具、农业生产资料等。

（四）进行试点

农业技术标准在全面贯彻实施前，合作社可根据需要，选择有代表性的社员进行标准实施试点。在试点时可采取“双轨制”，即贯彻标准与未贯彻标准相互比较，积累数据，取得经验，为全面贯彻标准创造条件。

（五）全面实施

合作社在标准实施过程要特别强调在生产各环节均应做到有标可依、有标必依，严格执行标准，在实施中进一步强化社员和各方面参与方执行标准的观念。

（六）检查、总结与改进

检查与总结是合作社实施标准的重要控制环节，通过检查要进一步证实标准的可行性和适用性，发现问题，总结经验，及时改进。检查中应不仅对标准使用与执行情况及执行效果进行评估，还应对管理体系进行检查和评估，并对评估的结论进行总结，提出改进计划，落实改进措施。

上述农业标准的实施程序，是一个复杂、系统的工程。由于合作社社员的自身素质和认识程度参差不齐，在执行标准过程中难免会出现各种问题，需要引起合作社领导人的足够重视，找出切实方法，引导农民认真执行合作社所制定的各项农业标准，积极推进农业标准化工作的顺利展开。

项目三　农产品质量安全认证

农产品质量安全，是指农产品的质量符合保障人的健康、安全的要求。“民以食为天，食以安为先。”农产品的质量安全状况如何，直接关系着人民群众的身体健康乃至生命安全。在新的发展时期，不但要保证老百姓吃得饱，还要保证老百姓吃得安全、吃得放心。因此，农民专业合作社必须高度重视农产品质量安全，加强农产品质量安全管理工作。

一、农产品质量安全认证体系

我国农产品认证主要包括：无公害农产品认证、绿色产品认证和有机食品认证。每种认证都有一套自己的标准和要求，对农产品的生产基地、生产、加工、运输、销售等各环节都有严格的规定和要求。一般来说，有机食品认证比绿色产品认证标准要高，绿色产品认证比无公害农产品认证标准要高，较容易达到的是无公害农产品认证，最难达到的是有机食品认证。

二、农产品质量安全检验

农产品质量安全检验就是对农产品及产地环境、农业投入品的一个或多个质量特性进行观察、测量、试验，并将结果和规定的质量要求进行比较，以确定每项质量特性合格情况的技术性检查活动。

知识链接

农产品认证标志

无公害农产品标志　　绿色食品标志　　有机食品标志　　农产品地理标志

知识链接

农产品质量安全检验的主要功能

1. 鉴别功能 根据农产品技术革新标准或订货合同的规定，采用相应的检测方法观察、试验、测量农产品的质量安全特性，判定农产品质量安全是否符合规定的要求，这是质量检验的鉴别功能。

2. 把关功能 质量把关是质量检验最重要、最基本的功能。必须通过严格的质量检验，剔除不合格品并予以“隔离”，实现不合格的原材料小投产，不合格的产品组成部分及中间产品不转序、不放行，不合格的成品不交付（销售、使用），严把质量关，实现把关功能。

3. 预防功能 现代质量检验不单纯是事后把关，还同时起到预防的作用。就农产品质量安全检验而言，通过产地环境和生产过程中农业投入品的检验和农产品生产技术规程的使用，能发现农产品生产过程中一些异常因素和不足，及时调整或采取有效的技术、组织措施，提高过程（工序）能力或消除异常因素，预防不稳定生产状态的出现，以预防不合格农产品的生产。

4. 报告功能 为使相关的管理部门及时掌握农产品实现过程中的质量状况，评价和分析质量控制的有效性，把检验获取的数据和信息，经汇总、整理、分析后写成报告，为质量控制、质量改进、质量考核以及管理层进行质量决策提供重要信息和依据。

三、合作社无公害农产品认证

所谓无公害农产品，是指产地环境、生产过程、产品质量符合国家有关标准和规范的要求，经认证合格获得认证证书并允许使用无公害农产品标志的优质农产品或初加工的食用农产品。

无公害农产品是在无污染的生态环境中，采用安全的生产技术生产的，不影响人体健康和生态环境的农产品（或初加工产品），即产地环境要符合“无公害”质量要求。生产过程允许限量使用限定的农药、化肥和合成激素，但要符合无公害操作技术规程，要合理使用化肥、农药，防止对生态环境造成污染和破坏。

无公害农产品认证有一套严格的技术规程和管理办法，对农产品的生产基地、生产过程、加工等都有严格的规定，符合规定条件的农产品方可申请并获得认证。

（一）合作社申请无公害农产品认证的条件

一是生产过程符合无公害农产品生产技术的标准要求；二是要有相应的专业技术和管理人员；三是要有完善的质量控制措施，并有完整的生产和销售记录档案。如果满足上述三个条件，合作社即可向当地有关部门申请无公害农产品认证。

知识链接

农产品质量安全检验检测机构的职责

农产品质量安全检验检测体系，是依据国家法律法规和有关标准，对农产品（包括产地环境和农业投入品）质量安全实施检验检测的重要技术执法系统，在农产品质量安全评价、农业行政执法、农村市场监管和农产品贸易等方面担负着重要的技术支撑职责。

1. 国家（部级）专业性质检中心　主要承担全国性的农产品质量安全普查和风险评估工作，承担农产品检验检测技术的研发和标准的制（修）订，开展农产品质量安全对比分析研究和国际合作交流，承担农产品质量安全方面重大事故、纠纷的调查、鉴定和评价，承担农产品质量安全认证检验、仲裁检验和其他委托检验任务，负责有关农产品质量安全方面的技术咨询和技术服务。

2. 省级综合性质检中心　主要承担农产品质量安全监督抽检检验，负责农产品市场准入检验、农产品产地认定检验和农产品质量安全评价鉴定检验，负责对县级综合性检测站进行技术指导和技术培训，接受其他委托检验和负责农产品安全方面的技术咨询、技术服务工作。

3. 县级综合性检测站　主要承担县级农业行政主管部门下达的农产品质量安全执法检验，负责指导农产品生产基地和批发市场开展检验工作；负责农产品质量安全监督检查的抽样和生产过程中的日常监督检验；承担农产品质量安全方面的标准宣传贯彻和技术培训，接受其他委托检验和负责农产品质量安全方面的技术咨询、技术服务工作。

4. 农产品生产基地和批发市场检测站（点）　农产品生产基地检测站（点），用于企业或基地自行监控生产过程中的质量状况，对每一批次的农产品实施快速定性的自我常规检测；承担企业（某地）人员的技术培训工作，规范生产者的操作。批发市场检测站（点），承担市场农产品质量监督工作，其任务是快速定性检测，建立以速测为主的检测网点。

（二）合作社申请无公害农产品认证的程序

合作社申请无公害农产品认证的程序见图 4-1。

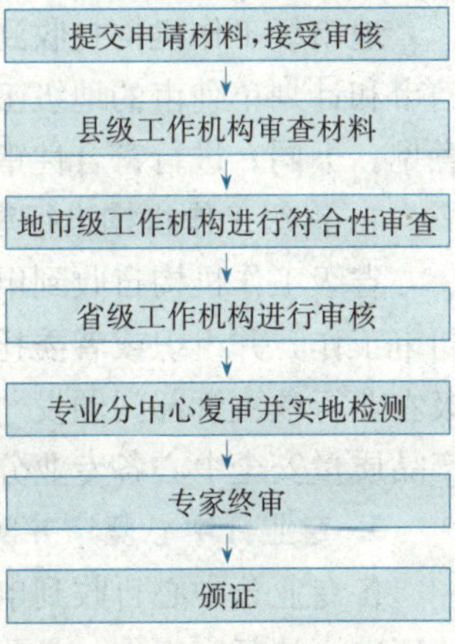

图 4-1　合作社申请无公害农产品认证的程序

1. 提交申请材料，接受审核

凡符合无公害农产品认证条件的单位和个人，可以向所在地县级农产品质量安全工作机构（以下简称“工作机构”）提出无公害农产品产地认定和产品认证申请，并提交申请书及相关材料。

2. 县级工作机构审查材料

县级工作机构自收到申请之日起 10 个工作日内，负责完成对申请人申请材料的形式审查。符合要求的，报送地市级工作机构审查。

专家提示

农民专业合作社申请无公害农产品认证需提交的材料

农民专业合作社申请无公害农产品认证，应当向有国家认证认可监督管理委员会审批并授权的认证机构提交书面申请，书面申请应当包括以下内容：

1. 申请人的姓名（名称）、地址、电话号码；
2. 产地的区域范围、生产规模；
3. 无公害农产品生产计划；
4. 产地环境说明；
5. 无公害农产品质量控制措施；
6. 有关专业技术和管理人员的资质证明材料；
7. 保证执行无公害农产品标准和规范的声明；
8. 无公害农产品产地认定证书；
9. 生产过程记录档案；
10. 认证机构要求提交的其他材料。

知识链接

无公害农产品认证证书的有效期

无公害农产品认证证书有效期为3年。期满需要继续使用的，应当在有效期满90日前按照规定的无公害农产品认证程序，重新办理。

3. 地市级工作机构进行符合性审查

地市级工作机构自收到申请材料、县级工作机构推荐意见之日起15个工作日内（直辖市和计划单列市的地级工作合并到县级一并完成），对全套材料（申请材料和工作机构意见，下同）进行符合性审查。符合要求的，报送省级工作机构。

4. 省级工作机构进行审核

省级工作机构自收到申请材料及推荐、审查意见之日起20个工作日内，完成材料的初审工作，并组织或者委托地县两级有资质的检查员进行现场检查。通过初审的，报请省级农业行政主管部门颁发“无公害农产品产地认定证书”，同时将全套材料报送农业部农产品质量安全中心各专业分中心复审。

5. 专业分中心复审并实地检测

各专业分中心自收到申请材料及推荐、审查、初审意见之日起20个工作日内，完成认证申请的复审工作，必要时可实施现场核查。通过复审的，将全套材料报送农业部农产品质量安全中心审核处。

6. 专家终审

农业部农产品质量安全中心自收到申请材料及推荐、审查、初审、复审意见之日起20个工作日内，对全套材料进行形式审查，提出形式审查意见并组织无公害农产品认证专家进行终审。

7. 颁证

终审通过符合颁证条件的，由农业部农产品质量安全中心颁发“无公害农产品证书”。

四、合作社绿色食品认证

绿色食品是遵循可持续发展原则，按特定生产方式生产，经专门机构认定，许可使用绿色食品标志的无污染、安全、优质、营养类食品。绿色食品的特点是强调产品出自良好生态环境，强调对产品实行“从土地到餐桌”全过程控制，强调对产品依法实行统一的标志与管理。

（一）绿色食品应具备的条件

合作社申请绿色食品认证，其产品必须符合4个条件：第一，产品或产品原料产地必须符合绿色食品生态环境质量标准；第二，农作物种植、禽畜饲养、水产养殖及食品加工必须符合绿色食品生产操作规程；第三，产品必须符合绿色食品生产标准；第四，产品的包装、储运必须符合绿色食品包装储运标准。

（二）合作社申请绿色食品认证程序

根据国家《绿色食品标志管理办法》，凡具有绿色食品生产条件的国内企业均可申请绿色食品认证，具体的认证程序包括以下8个方面（图4-2）。

1. 认证申请

（1）申请人向中国绿色食品发展中心（以下简称“中心”）及其所在省（自治区、直辖市）绿色食品办公室、绿色食品发展中心（以下简称“省绿办”）领取“绿色食品标志使用申请书”“企业及生产情况调查表”及有关资料，或从中心网站下载。

（2）申请人填写并向所在省绿办递交“绿色食品标志使用申请书”“企业及生产情况调查表”及以下8项材料：保证执行绿色食品标准和规范的声明，生产操作规程（种植规程、养殖规程、加工规程），公司对“基地＋农户”的质量控制体系（包括合同、基地图、基地和农户清单、管理制度），产品执行标准，产品注册商标文本（复印件），企业营业执照（复印件），企业质量管理手册，要求提供的其他材料（通过体系认证的，附证书复印件）。

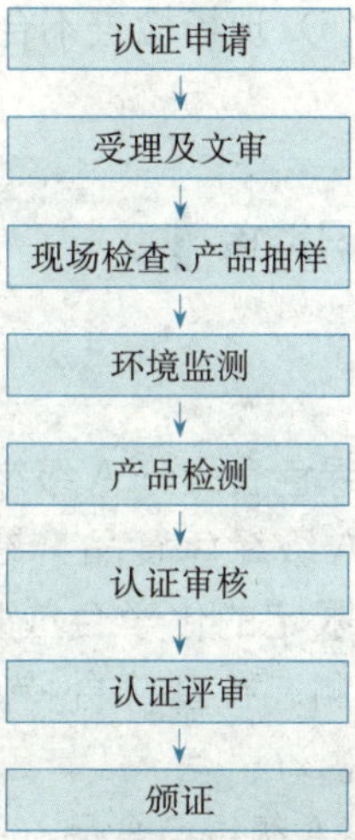

图4-2　合作社申请绿色食品认证的程序

2. 受理及文审

（1）省绿办收到上述申请材料后，进行登记、编号，5个工作日内完成对申请认证材料的审查工作，并向申请人发出“文审意见通知单”，同时抄送中心认证处。

（2）申请认证材料不齐全的，要求申请人收到“文审意见通知单”后10个工作日提交补充材料。

（3）申请认证材料不合格的，通知申请人本生长周期不再受理其申请。

（4）申请认证材料合格的，执行下一条。

3. 现场检查、产品抽样

（1）省绿办应在“文审意见通知单”中明确现场检查计划，并在计划得到申请人确认后委派两名或两名以上检查员进行现场检查。

（2）检查员根据《绿色食品　检查员工作手册》（试行）和《绿色食品　产地环境质量现状调查技术规范》（试行）中规定的有关项目进行逐项检查。每位检查员单独填写现场检查表和检查意见。现场检查和环境质量现状调查工作在5个工作日内完成，完成后5个工作日内向省绿办递交现场检查评估报告和环境质量现状调查报告及有关调查资料。

（3）现场检查合格，可以安排产品抽样。凡申请人提供了近一年内绿色食品定点产品监测机构出具的产品质量检测报告，并经检查员确认符合绿色食品产品检测项目和质量要求的，免产品抽样检测。

（4）现场检查合格，需要抽样检测的产品安排产品抽样。当时可以抽到适抽产品的，检查员依据《绿色食品　产品抽样技术规范》进行产品抽样，并填写“绿色食品产品抽样单”，同时将抽样单抄送中心认证处。特殊产品（如动物性产品等）另行规定。当时无适抽产品的，检查员与申请人当场确定抽样计划，同时将抽样计划抄送中心认证处。申请人将样品、产品执行标准、“绿色食品产品抽样单”和检测费寄送绿色食品定点产品监测机构。

（5）现场检查不合格，不安排产品抽样。

知识链接

绿色食品分级

绿色食品分A级绿色食品和AA级绿色食品。

A级绿色食品：在生态环境质量符合规定标准的产地，生产过程中允许限量使用限定的化学合成物质，按特定的生产操作规程生产、加工，产品质量及包装经检测、检查符合特定标准，并经专门机构认定，许可使用A级绿色食品标志的产品。

AA级绿色食品（等同有机食品）：在生态环境质量符合规定标准的产地，生产过程中不使用任何有害化学合成物质，按特定的生产操作规程生产、加工，产品质量及包装经检测、检查符合特定标准，并经专门机构认定，许可使用AA级绿色食品标志的产品。

4. 环境监测

（1）绿色食品产地环境质量现状调查由检查员在现场检查时同步完成。

（2）经调查确认，产地环境质量符合《绿色食品　产地环境质量现状调查技术规范》规定的免测条件，免做环境监测。

（3）根据《绿色食品　产地环境质量现状调查技术规范》的有关规定，经调查确认，有必要进行环境监测的，省绿办自收到调查报告两个工作日内以书面形式通知绿色食品定点环境监测机构进行环境监测，同时将通知单抄送中心认证处。

（4）定点环境监测机构收到通知单后，40个工作日内出具环境监测报告，连同填写的“绿色食品环境监测情况表”，直接报送中心认证处，同时抄送省绿办。

5. 产品检测

绿色食品定点产品监测机构自收到样品、产品执行标准、“绿色食品产品抽样单”、检测费后，20个工作日内完成检测工作，出具产品检测报告，连同填写的“绿色食品产品检测情况表”，报送中心认证处，同时抄送省绿办。

6. 认证审核

（1）省绿办收到检查员现场检查评估报告和环境质量现状调查报告后，3个工作日内签署审查意见，并将认证申请材料、检查员现场检查评估报告、环境质量现状调查报告及“省绿办绿色食品认证情况表”等材料报送中心认证处。

（2）中心认证处收到省绿办报送材料、环境监测报告、产品检测报告及申请人直接寄送的“申请绿色食品认证基本情况调查表”后，进行登记、编号，在确认收到最后一份材料后两个工作日内下发受理通知书，书面通知申请人，并抄送省绿办。

（3）中心认证处组织审查人员及有关专家对上述材料进行审核，20个工作日内做出审核结论。

（4）审核结论为“有疑问，需现场检查”的，中心认证处在两个工作日内完成现场检查计划，书面通知申请人，并抄送省绿办。得到申请人确认后，5个工作日内派检查员再次进行现场检查。

（5）审核结论为“材料不完整或需要补充说明”的，中心认证处向申请人发送“绿色食品认证审核通知单”，同时抄送省绿办。申请人需在20个工作日内将补充材料报送中心认证处，并抄送省绿办。

（6）审核结论为“合格”或“不合格”的，中心认证处将认证材料、认证审核意见报送绿色食品评审委员会。

7. 认证评审

（1）绿色食品评审委员会自收到认证材料、认证处审核意见后10个工作日内进行全面评审，并做出认证终审结论。

（2）认证终审结论分为两种情况：认证合格和认证不合格。

（3）结论为“认证合格”，执行下一条。

（4）结论为“认证不合格”，评审委员会秘书处在做出终审结论两个工作日内，将“认证结论通知单”发送申请人，并抄送省绿办。本生产周期不再受理其申请。

8. 颁证

（1）中心在5个工作日内将办证的有关文件寄送“认证合格”申请人，并抄送省绿办。申请人在60个工作日内与中心签订《绿色食品标志商标使用许可合同》。

（2）中心主任签发证书。

五、合作社有机食品认证

有机食品是纯天然、无污染、安全营养的食品，完全不含人工合成的农药、肥料、生长调节素、催熟剂、家畜禽饲料添加剂，也可称为“生态食品”。它是根据有机农业原则和有机食品生产方式及标准生产、加工出来的，并通过有机食品认证机构认证的农产品。

在我国，获得国家认证认可监督管理委员会认可的有机食品认证机构有20多家。环境保护部有机食品发展中心是目前国内有机食品综合认证的权威机构。农民专业合作社在申请有机食品认证时要注意选择好认证机构。

合作社申请有机食品认证需要缴纳一定费用，但认证机构在认证过程中不允许有附加的财务或其他条件。认证机构的服务向所有申请者开放，每一个认证机构都有自己的一套认证程序。

专家提示

合作社在申请有机食品认证时需要提交的材料

1. 申请人的合法经营资质文件，如土地使用证、营业执照、租赁合同等。

2. 当申请人不是有机食品的直接生产或加工者时，申请人还需要提交与各方签订的书面合同。

3. 申请人及有机食品生产、加工的基本情况，包括申请人/生产者名称、地址、联系方式、产地（基地）/加工场所的名称、产地（基地）/加工场所情况。

4. 过去3年间的生产历史，包括对农事、病虫草害防治、投入物使用及收获情况的描述。

5. 生产、加工规模，包括品种、面积、产量、加工量等的描述。

5. 申请和获得其他有机食品认证的情况。

6. 产地（基地）区域范围描述，包括地理位置图、地块分布图、地块图、面积、缓冲带，周围临近地块的使用情况的说明等。

7. 加工场所周边环境描述、厂区平面图、工艺流程图等。

8. 申请认证的有机食品的生产、加工、销售计划，包括品种、面积、预计产量、加工产品品种、预计加工量、销售产品品种和计划销售量、销售去向等；产地（基地）、加工场所有关环境质量的证明材料。

9. 有关专业技术和管理人员的资质证明材料。

10. 保证执行有机食品标准的声明。

11. 有机生产、加工的管理体系文件。

12. 其他相关材料。

1. 申请

申请人提出正式申请，向有机食品认证机构或其代理索取有关申请表格和文件，如“有机食品认证申请表”“有机食品认证调查表”和“有机食品认证书面资料清单”等。申请人填写“有机食品认证申请表”和“有机食品认证调查表”，填写完毕寄回检查认证部门，同时准备“有机食品认证书面资料清单”中要求提供的相关材料，并确认相关事宜。

2. 文件审查并制定检查计划

有机食品认证机构或其代理或分中心对申请人的材料进行预审。审查合格后，根据申请人提供的项目情况，估算检查时间，制订初步检查计划，估算认证费用，并向申请者寄发受理通知书和有机食品认证检查合同。审查不合格的，当年不再受理其申请。

3. 签订有机食品认证检查合同

申请人与有机食品认证机构签订有机食品认证检查合同。申请人根据检查合同要求，缴纳相关费用的50%～70%。申请人指定内部检查员配合认证工作，并进一步准备相关材料。

4. 实地检查评估

全部材料审查合格以后，有机食品认证机构指派检查员进行实地检查。检查员依据有机生产技术准则等要求，对申请人的质量管理体系、生产过程控制体系、追踪体系以及产地、生产、加工、仓储、运输、贸易等进行实地检查评估。必要时，检查员可对水、土、气及产品抽样，由检查员和申请人共同封样送指定的质检机构检测。

5. 编写检查报告

检查员完成检查后，按有机认证机构要求编写检查报告。检查员在检查完成后规定期限内将检查报告送达有机认证机构。

6. 综合审查评估

有机认证机构根据申请人提供的申请表、调查表等相关材料以及检查员的检查报告和相关检验报告等进行综合评估，填写颁证评估表，提出评估意见。有机认证机构将评估意见报颁证委员会审议。

7. 颁证决议

颁证委员会对相关材料进行全面审查，做出“同意颁证”“有条件颁证”“有机转换颁证”或“拒绝颁证”的决定。

（1）同意颁证。申请内容完全符合有机食品标准，颁发有机食品证书。

（2）有条件颁证。申请内容基本符合有机食品标准，但某些方面尚需改进，在申请人书面承诺要求进行改进以后，亦可颁发有机食品证书。

（3）有机转换颁证。申请人的基地进入转换期一年以上，并继续实施有机转换计划，颁发有机食品转换证书。产品按“转换期有机食品”销售。

（4）拒绝颁证。申请内容达不到有机食品标准的要求，颁证委员会拒绝颁证，并说明理由。

8. 签署认证协议，支付余款

有机认证机构与申请者签署认证协议，申请者支付相关费用的余款。

9. 颁发证书

根据颁证委员会的决议，向符合条件的申请者颁发证书。获证申请者在领证之前，需对检查员的报告进行核实盖章，获有条件颁证的申请者要按认证中心提出的意见进行改进，做出书面承诺。

拓展阅读

辽宁鸿远南国梨种植专业合作社

辽宁鸿远南国梨种植专业合作社成立于 2007 年 11 月，现发展社员 1 300 名，资产总额 228 万元，带动农户 5 000 余户。合作社下设一个集生产、科研、营销服务于一体的民营公司，公司下设 32 家农资连锁店，以生产无公害南国梨为主，经营绿色农资连锁店为辅。合作社借助海城及鞍山地区的营业网点，以开展农资连锁配送、技术培训下乡入村、售后服务到园到户等方式为农户提供南国梨生产销售服务，走上了一条统一种植品种、统一用肥用药、统一检测化验、统一产品标准、统一品牌包装、统一入市销售的产业化经营之路。

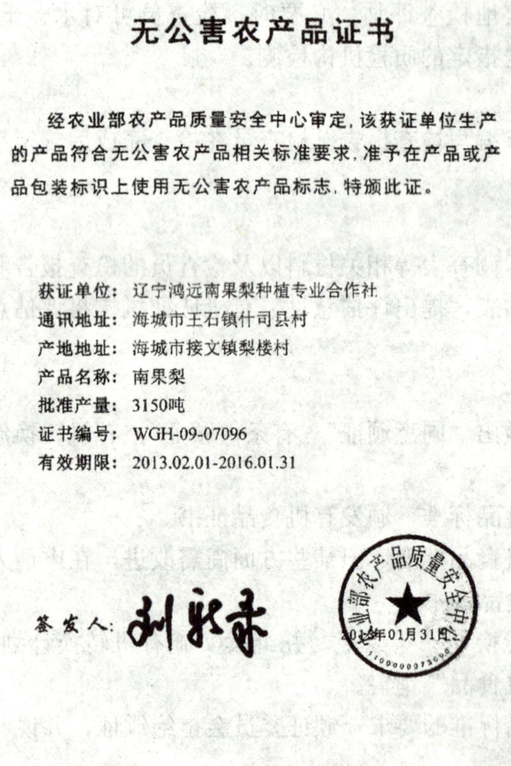
无公害农产品证书

经农业部农产品质量安全中心审定，该获证单位生产的产品符合无公害农产品相关标准要求，准予在产品或产品包装标识上使用无公害农产品标志，特颁此证。

获证单位：辽宁鸿远南果梨种植专业合作社
通讯地址：海城市王石镇什司县村
产地地址：海城市接文镇梨楼村
产品名称：南果梨
批准产量：3150吨
证书编号：WGH-09-07096
有效期限：2013.02.01-2016.01.31

签发人：

农业部农产品质量安全中心
2013年01月31日

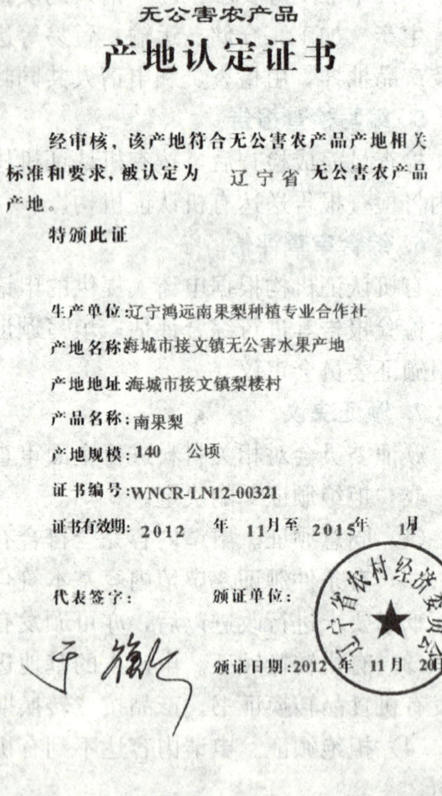
无公害农产品
产地认定证书

经审核，该产地符合无公害农产品产地相关标准和要求，被认定为 辽宁省 无公害农产品产地。

特颁此证

生产单位：辽宁鸿远南果梨种植专业合作社
产地名称：海城市接文镇无公害水果产地
产地地址：海城市接文镇梨楼村
产品名称：南果梨
产地规模：140 公顷
证书编号：WNCR-LN12-00321
证书有效期：2012 年 11月至 2015年 1月

代表签字：　　颁证单位：

颁证日期：2012 年 11月 20

辽宁省农村经济委员会

能力转化

◆记一记

1. 农业标准化的具体内容包括哪些内容?
2. 绿色食品认证包括哪些程序?

◆议一议

1. 合作社在进行农产品生产基地建设时需要注意哪些问题?
2. 分组讨论无公害农产品、绿色农产品、有机农产品的差别。

◆想一想

绿色食品分为几级?绿色食品的优势是什么?

◆做一做

详细准备一份某合作社在申请无公害农产品认证时所需要提交的材料包。其中,认证机构要求提交的其他材料在咨询所在地区主管机构后,按主管机构要求进行准备。

单元五

农民专业合作社的农产品营销

【学习目标】

1. 恰当选择合作社农产品销售渠道。
2. 合理管理农产品的储藏。
3. 做好农民专业合作社农产品的品牌营销。

案例导入

北镇生旺蔬菜专业合作社开始进行农产品标准化生产了。又有新的问题摆在了理事会面前。以前，只要有车来村收菜就行了，合作社从没考虑过农产品的储运和加工问题，同时，合作社的销售受到了当地农产品经纪人的制约。老郭再一次召集理事开会，商量怎么降低经营风险，确保社员的经济收益。

会上，老郭的女婿小张提出了一个让大家眼前一亮的想法。他说："既然运输制约了我们卖菜，我们就应该在农产品的储藏、运输和加工上打主意。我们既然进行了标准化的农产品生产，就要有一个统一的品牌。这样为我们的农产品进超市、进校园、进企业就奠定了一个基础。有了品牌，既是一种质量保证，也是一种自我推荐。我们可以通过建地库、冷库进行蔬果鲜品的储藏，可以通过与运输公司合作租用车辆进行运输，可以与下游小菜厂、罐头厂进行合作代加工农产品。"

◆ 案例分析

合作社生产农产品必定要与市场对接。如何对接市场、怎样降低市场风险是每一位合作社当家人要思考的问题。农民专业合作社可以与超市合作，通过对超市的直供，降低中间环节，增强合作社农产品的市场竞争力。农民专业合作社也可以与院校合作。院校是人群密集的地方，是蔬果集中销售的比较稳定的市场。合作社对接院校食堂，既降低了流通成本，又给学生带来了实惠。农民专业合作社也可以与企业合作。过去我们常讲"公司＋农户"，这在一定时期内对当地农业发展起到了巨大作用。但对公司来说，公司要分出很多精力放在农户发展、农产品质量把关上，非常麻烦。如果公司与合作社合作，就会省去这种麻烦，并能够实现双赢。公司不再为农产品质量安全焦虑，合作社也可以通过代工的方式将自己的品牌宣扬出去，获得经济收益的同时也增强了竞争力。

项目一　农民专业合作社的农产品销售

农民专业合作社在按照标准化方式组织生产后，接着就要做好农产品的收获、储藏和销售工作。

一、合作社农产品的储藏

农产品因其自身的鲜活易腐性，导致采收后损失相当惊人。据统计，粮食采后损失达收获量的20%，某些高温多湿地区达50%，新鲜易腐水果蔬菜等达25%～80%。由于储存方法不当，造成极大浪费，因此，合作社要高度重视农产品采收后的储藏加工工作。

农产品经过科学的储存加工，可延长供应时间，调整产品的淡旺季，调节地区余缺，实现周年供应，从而提高农民的整体收益。同时，农产品储藏加工还可为人们提供各种丰富多样的食品，以满足人们对食品结构调整的需要，提高营养水平。

专家支招

如何做好农产品储藏加工

1. 适时采收　采收时期是否适当，对产品的产量和采后储藏品质有着很大的影响。采收过早，果蔬产品器官还未达到成熟的标准，耐贮性也差；采收过晚，果实已经成熟，接近衰老阶段，采后必然不耐储藏和运输，在储运中自然损耗大，腐烂率明显增高。因此，确定适宜的采收成熟期是至关重要的。

2. 做好储藏前的预处理　储藏前的预处理工作主要是根据果蔬的不同类别和各自特点，进行分级、整理、预冷、防腐处理等工作，以增强果蔬的耐储性。

3. 选择合适的储藏方式　农产品的储藏方式有很多，按照储藏原理及采取的相应措施通常分为常规储藏、温控储藏、气控储藏、物理储藏、化学储藏、地下储藏以及露天储藏等，合作社要根据果蔬类别和自身特点，选择恰当的储藏方式。

4. 做好储藏管理工作　根据选择的储藏方式，加强温度、湿度、通风等的调控，确保储藏的效果。

拓展阅读

农产品的储藏

由于农产品很多都是鲜活的，因此储存过程中容易发生霉变、鼠害虫害、溶化或结块、氧化、破碎、渗漏，适宜的储存方法有：

1. 常规储存　即一般库房，不配备其他特殊性技术措施的储存。这种储存的特点是简便易行，适宜含水分较少的干性耐储农产品的储存。采用这种储存方式应注意两点，一是要通风，二是储存时间不宜过长。如粮食类的储藏。

2. 窖窑储存　特点是储存环境氧气稀薄，二氧化碳浓度较高，能抑制微生物活动和各种害虫的繁殖，而且不易受外界温度、湿度和气压变化的影响，是一种简便易行，经济适用的农产品储存方式。较适宜对植物类鲜活农产品进行较长时间的储存，如冬储大白菜、萝卜、马铃薯、大葱等。

3. 冷库储存　能够延缓微生物的活动，抑制酶的活性，以减弱农产品在储存时的生理化学变化，保持应有品质。特点是效果好，但费用较高。如肉类产品的储藏。

4. 干燥储存　有自然干燥和人工干燥两种。干燥的目的是为了降低储存环境和农产品本身的湿度，以消除微生物生长繁殖的条件，防止农产品发霉变质。

5. 密封储存　密封储存虽然投资较大，但储存效果良好，是现代农产品储存研究和发展的方向，适宜各种农产品，特别是鲜活农产品（如果品、蔬菜等）的储存。

6. 放射线处理储存　利用放射线辐射方法消灭危害农产品的各种微生物和病虫害，延长储存时间，是一种有效保证农产品质量的“冷态杀菌”储存方式。

农产品经过科学的储藏加工，可延长供应时间，调整产品的淡旺季，调节地区余缺，实现周年供应。同时，农产品储藏加工还可为人们提供各种丰富多彩的食品，以满足人们对食品结构调整的需要，提高营养水平。

二、农产品销售渠道的选择

（一）农超对接

农超对接是农民专业合作社或农户与商家签订意向性协议书，由合作社或农户向超市、菜市场和便民店直供农产品的新型流通方式，主要是为优质农产品进入超市搭建平台。农超对接的本质是将现代流通方式引向广阔农村，将千家万户的小生产与千变万化的大市场对接，构建市场经济条件下的产销一体化链条，实现商家、农民、消费者的共赢。

农超对接主要有三种模式：“超市＋农民专业合作社＋农户”的家乐福模式、“超市＋农业产业化龙头企业＋农户”的麦德龙模式、“超市＋基地＋农户”的山东家家悦模式。

1. 家乐福模式

家乐福从2007年年初开始推行“农民直采”的采购模式，同各产地的农民专业合作社合作，由合作社帮助家乐福采购农产品。2009年上半年，家乐福就同全国13个省的50多家农民专业合作社合作，采购18种蔬菜和水果。除总部外，家乐福部分城市商品采购中心（CCU）设置农超对接经理一职，通过所在城市周边合作社采购生鲜农产品。为了提高专业合作社的管理能力和生产技术水平，家乐福还定期对农民专业合作社进行培训。

2. 麦德龙模式

麦德龙从“教农民怎么种田，怎么包装蔬菜”这些最基本的问题入手，探索农副产品生产基地新模式。保证农产品从基地、农场、加工、物流到销售符合消费者“最安全”的要求，建立鲜活农产品质量可追溯体系。麦德龙农产品基地创立了全新的供应链，由麦德龙提出科学的标准化生产流程，引入农技咨询公司指导企业、农民养殖、种植，委托第三方机构对农产品质量进行检测，通过麦德龙平台销售。为此，麦德龙还在中国投资设立了首家专门从事农技指导、咨询和培训的麦哲达农业信息咨询公司，向合作企业和农民提供生产、加工、包装、物流及市场运作全方位的专业培训与咨询，实现“从农场到餐桌”的全过程产品质量控制及可追溯。

3. 家家悦模式

山东家家悦超市的农超对接模式是超市与镇政府和村委会合作，合作方式有三种：紧密型、半紧密型和松散型。紧密型是超市免费提供种子，确定种植面积、品种、数量、标准和价格，全程参与基地管理，按照议定的标准定价整体收购农产品。半紧密型模式是通过镇村两级组织牵头，采用联户的形式，引导农户种植，规范种植标准。松散型对接主要是针对路途遥远、容易运输的农产品，由当地镇村组织牵头，与超市合作。

农超对接实现了农产品从田间到销售环节的直接管理，可以有效减少农产品流通环节、降低流通成本；可以缓解农产品“卖难”的老问题；能够实现农产品“从田间到餐桌”的全程监控，保证其安全优质。因此，农超对接不仅有利于促进农业现代化和零售业现代化的对接，推动农业部门从传统农业向现代农业转变，而且可以促进农民组织化程度的提高，通过合作提高效益和降低风险，对建设现代农业和社会主义新农村具有重要意义。

（二）农校对接

农校对接，是国家推行的一项食品政策，指高校食堂从农业企业、农民专业合作社直接采购农副产品，减少流通环节，让农民获利的同时也让学生吃上放心的饭菜。

推行“农校对接”，一是可以减少农产品采购的中间环节，有利于降低学生食堂的采购成本；二是有利于促进农民订单式生产，提升农民标准化种植水平，促进农民增收；三是有利于建立可追溯源头的食品安全保障体系；四是有利于加快冷链物流体系的建设规模和速度，提升农民专业合作社的发展水平，建立农产品现代流通体系。

（三）农企对接

农企对接是指食品加工企业在购进农产品时，取消中间环节，直接与农民专业合作社或农民对接，具体的生产计划和产品收购都由企业负责，实行订单式生产。

专家支招

如何做好农校对接工作

为合作社提供销路，为学生提供质优价廉的食品，农校对接应做好以下三方面工作：

1. 合作社 一是要按照农业标准化体系组织生产，保证农产品质量；二是要加强物流配送，保证及时送货；三是要加强合作社之间的联合，保证供应食品的多样性。

2. 学校 一方面要加强食品抽查检验，保证食品的安全，不合格的食品应由合作社给予替换；另一方面要给合作社及时回款，以提高合作社供应农产品的积极性。

3. 政府 重点是加强各方面的关系协调，从中起到牵针引线的作用，同时要给予各方一定的政策支持和税收优惠，调动各方的积极性。

农企对接不仅解决了农民“卖难”问题，也减少了农产品流通环节，降低了流通成本，同时也实现了农产品从农田到餐桌的全程控制，保障了农产品的安全。

为做好农企对接工作，从合作社的角度上看，一方面要选择信誉好、知名度高、规模大的企业进行合作，以保证合作社成员的利益；另一方面要严格遵循企业制定的生产标准组织生产，以保证合作企业的利益。从企业的角度上看，加工企业的重点是根据市场情况制订生产计划，严格执行收购合同，及时回款，以保障广大社员的利益。

（四）农产品直营连锁店

农产品直营连锁店是指农民专业合作社通过联合，自建农产品超市，将各自的优质产品不经过其他环节，直接进入超市，卖给消费者。

建立农产品直营连锁店，采取直供直销模式，生产基地和市场直接对接，减少中间流通环节，大大降低运营成本，从而返利消费者，使菜品价格更实惠，菜农收益也更高，是解决“农民卖菜难、市民买菜贵”的双赢之举。

做好农产品直营连锁店的工作重点是加强合作社之间的联合，通过加强合作，实现共赢。同时要加强品牌包装建设，突出产品特色，制造卖点，打开市场销路。

（五）产地销售

产地销售是指农民专业合作社的农产品在产地市场直接销售。

农产品产地的交易市场已成为农民直接出售农产品的重要渠道，因其就地销售减少了现货农产品的损失，也降低了交易成本，对合作社的吸引力越来越大。

做好农产品的产地销售，合作社的产品要达到一定规模。可以加强合作社之间的联合，统一产品品种，突出产品特色，扩大生产规模，以达到吸引更多收购商的目的，最终实现农产品的及时销售。

项目二　合作社农产品的品牌营销

所谓农产品品牌，就是使用在农产品上，用以区别其他同类和类似农产品生产经营者的显著标记。品牌包含着商标、属性、名称、包装、价格、历史、声誉、广告方式等多种因素，蕴涵合作社及其商品或服务的品质和声誉。

一、合作社创建农产品品牌的意义

加强合作社农产品品牌建设，可以提高农业生产规模化、标准化、产业化、市场化水平，推动传统农业向现代农业转变，是发展现代农业的客观要求；加强合作社农产品品牌建设，可以促进资源整合，引导土地、资金、技术、劳动力等生产要素向品牌农产品优化配置，实现特色农业产业集群发展，是调整农业产业结构的重要载体；加强合作社农产品品牌建设，可以实现品牌销售，有利于建立完善的农产品质量检测体系和追溯体系，保障农产品消费安全，是提高农产品质量安全水平的重要手段；加强合作社农产品品牌建设，有利于提高农产品的知名度和美誉度，增强市场竞争力，拓展农产品市场，是实现农业增效和农民增收的重要途径。

二、目前合作社在农产品品牌建设中存在的问题

1. 经营观念落后，品牌意识不强

面对市场的变化，许多合作社和农户的经营观念跟不上时代发展的步伐，只注重生产而忽视市场需求，认为有了好产品就会有市场，很少人关注农产品品牌，没有形成强烈的品牌运作意识，导致大量优质农产品“有名无牌”或品牌知名度很低，众多农副产品“养在深山人未识”，销售廉价。随着农产品买方市场的形成，“卖难”问题的出现充分暴露了农产品生产经营者的经营观念和经营行为与市场经济的不适应性。这种不适应性的根源在于农产品生产经营者缺乏现代经营观念和市场营销观念。

2. 大多数农副产品以初级形态面市，产品档次低，品牌形象差

由于历史的原因，很多合作社农副产品精、深加工能力较弱，包装落后，运销条件不尽如人意，加上缺乏正规的营销网络，产品分销乱、散，很不规范，导致农副产品上不了档次，品牌形象差。又因为合作社缺乏品牌运作，没有对品牌进行宣传和保护，造成消费者难以形成按品牌消费农产品的习惯。

3. 农业产业结构不合理，农业标准化程度低

合作社内部的农业产业结构单一，农业科技推广困难，产品品种退化严重，导致农户产品低质低价，整体形象不高。农产品质量是品牌的生命线，品牌是品质的承诺，产品力

是品牌力的基本要素，品牌的信誉度首先是由产品的过硬质量建立起来的。进入农产品品牌化经营的时代，强化农产品的质量控制，满足消费者对产品质量的要求，对树立品牌形象具有关键性的作用。农业标准化程度的高低直接制约着农产品的质量水平。

4. 合作社没有把农产品品牌营销作为一种全面的营销

农产品品牌营销是从农产品品牌组织理念系统、识别系统到行为系统、产品系统、服务系统的全面营销，具有信息密集、文化密集、知识密集、智力密集、创意密集等特点。视觉系统赋予它良好的形象，技术系统赋予它良好的性能、功用，物质系统赋予它相应的物质载体等。农产品品牌系统中每一个工作环节，都要为市场目标终端服务。合作社在进行品牌营销时往往忽视品牌营销的系统性，各个环节不能有效衔接，难以达到全面营销的目的。

5. 合作社没有一种有效的手段来做好品牌营销

大多数农民专业合作社没有一种有效的手段来做好品牌营销，没有对产品进行预期的市场定位，很多都是先生产好产品，然后再去找市场，使得产品往往与市场需求相悖，不具备卖点，这与现代营销观念下的“先做市场，后做产品”的逻辑思路完全矛盾。加上不少合作社没有设置专门的品牌管理机构，导致管理缺位，难以形成有效的品牌营销的市场管理机制。

三、合作社做好农产品品牌营销的工作措施

1. 做好引导工作

加大品牌宣传和舆论引导力度，增强合作社及农户的农产品品牌意识，推动形成支持农产品品牌建设、消费品牌农产品的良好氛围。建立品牌产品激励保护机制，从单纯追求数量增长转为追求品质优化，大力发展名、优、新、特、稀农产品，减少生产的盲目性、随意性、趋同性，走市场化、现代化大农业之路。充分挖掘农产品的文化内涵，根据农业产业文化资源特点与消费者需求趋势，在农产品品牌的设计和培育中，强化浓厚的人文、地域、风土气息，塑造农产品品牌的个性特色。鼓励和扶持合作社注册农产品商标，打好生态牌、绿色牌、安全牌，因地制宜，因势利导，带动合作社和农民走农产品品牌化道路。

2. 做好标准化工作

没有农业标准化，就没有农业现代化，就没有食品安全保障，农业标准化、农业质量标准化体系和农产品质量安全检测体系是创建品牌的基础性工作。农产品标准化是农产品品牌发展的质量保证、技术基础和法律保障，要按照“统一、简化、协调、优选”的原则，通过制定标准和实施标准，促进先进农业科技成果和经验的推广普及，提升农产品质量，促进农产品流通，规范市场秩序，指导生产，引导消费，提高效益，提高农产品竞争力。

3. 加强联合，扩大规模

实施农产品品牌战略，合作社之间应加强联合合作，构建多功能、多层次、全方位的农民专业合作组织体系，培特培优，做大做强，推动农产品品牌发展。实施农产品品牌战略，必须进行农业产业化经营，形成规模经济效益，实施企业、基地、农户三结合的运行

机制，作为品牌战略的组织依托，解决生产规模小、农产品品质差别大、营销方式落后等问题。供销合作社等商品流通部门要帮助农民建立有特色的品牌产品产地市场，集中销售当地名优农产品，同时建立稳定的销售渠道，开拓新的业务关系，促进农产品流通。

4. 依托科技创新

科学技术是第一生产力，农产品品牌建设的落脚点是依托科技创新，加大科技投入力度，引进新品种，运用新技术，开发新产品，提高产品加工程度，实现农产品质的飞跃。依靠技术进步，加强新品种引进培育，提高农产品开发能力，以新产品、特色产品、精深加工产品为主，注重优良品种的引进、培育、示范、推广，淘汰劣质品种，压缩常规品种，扩大名优品种，以品种的更新换代提升产业层次，保持品牌的生机和活力。

5. 争取政府扶持

政府要将农产品品牌建设纳入品牌建设总体规划，组织相关部门参与农产品品牌建设“大合唱”，加大对创品牌农产品合作组织的政策扶持力度。建立长效投入机制，特别加大金融、税收、科技、财政对合作社创建农产品品牌的政策支持，推动竞争环境的有序化，支持鼓励新产品开发和机械化“种、养、加、研”，推动合作社规模化经营、精细化管理。

知识链接

农产品商标注册流程

1. 合作社向商标局提出注册申请，提交相关材料

（1）以合作社名义申请需提供合作社营业执照副本复印件，盖公章；以个人名义申请需要提供个人身份证及个体工商户营业执照复印件，身份证要签字，营业执照要盖章。

（2）商标注册申请书（个人及个体户名义申请的，需要在申请书上签字或盖章）。

（3）代理委托书（由企业盖章或由个人签字）。

（4）确定的商标字样或图样（电子版 JPG 格式）。

（5）确定商品或服务类别及具体的商品或服务项目。

2. 时间进度

（1）受理通知书。在商标注册申请上报商标局后，商标局收到商标申请资料后，会先详细检视申请表格及所有附件，以查看表格内须填写的部分是否已经填妥、有关资料是否正确、所需资料是否齐全，费用是否交齐，如无意外，1 个星期左右会收到受理通知书。

（2）审查进入实质审核需要 10～12 个月的时间。商标局会查核有关商标是否具有显著性，是否符合中国商标法律法规的注册规定。如审核通过，申请程序将进入下一阶段：初审公告阶段。

（3）异议期：初审公告后有 3 个月的异议期，异议期无人提异议则核准注册商标发证并公告。

商标自核准注册以后有效期 10 年。

能力转化

◆**记一记**

1. 农产品的储藏方法有哪些？

2. 怎样进行农产品商标注册？

◆**议一议**

结合家乡本地市场情况，分组讨论当地家乐福模式、麦德龙模式、家家悦模式的可行性。需要进行主题发言。

◆**想一想**

1. 合作社为什么要进行农产品品牌建设？

2. 结合实际案例说明，在品牌建设的过程中会遇到哪些问题？

◆**做一做**

1. 制订一份农产品直营店建设方案。

2. 从形成完整农产品产业链的角度，结合当地某合作社的发展，写一份农企对接可行性方案。

单元六

农民专业合作社的财务管理

【学习目标】

1. 掌握做好合作社财务管理工作的方法。
2. 熟练掌握合作社盈余分配管理技巧。

案例导入

“合作社分红了！”1月16日一大早，这个消息就在北镇生旺蔬菜专业合作社社员中迅速传开了。人们陆陆续续地向位于村头的合作社办公室赶去。

辛辛苦苦忙活了一年，北镇生旺蔬菜专业合作社召开了年终社员大会。理事长老郭在总结了一年来的工作后，亲自把红利和扩股发到了社员的手中。

“昨天下午接到的通知，高兴得我一大早就赶过来了。”前来领取红利的王新今天特别精神，他高兴地对老郭说：“还是加入合作社好，平时不仅能拿到工资，年终还有分红和扩股，真棒！”老郭看着王新，有点儿调侃地问道：“这回你媳妇还埋怨你不？”“哪能呀，这还有啥说的？”说完，王新乐呵呵地回家报告好消息去了。

◆ 案例分析

农民兴办专业合作社，为的就是在市场经济中能够合理合法地赚取收益。合作社的产生不仅增强了成员应对市场竞争的能力，还在经营上保证了成员的经济收益。

合作社是以成员为主要服务对象的，这是合作社区别于其他经济组织的根本特征。因此合作社要为每一成员建立单独账户，凭借单独记录的会计资料，了解和掌握成员参与合作社生产经营的状况，为合作社年终盈余分配提供了依据，保障成员财产权利不受侵害。

合作社的发展离不开资金的投入。扩股是合作社融资发展的一种手段。合作社还可以通过农民资金互助的方式来解决发展融资的问题。

项目一　农民专业合作社的财务管理

农民专业合作社的财务管理，是指农民专业合作社依据法律、法规与财务制度对本社财务收支、会计核算等活动进行的管理，是记载并核算本社各种经济活动效益、盈亏状况的基础。

一、合作社加强财务管理的必要性

农民专业合作社加强财务管理，既有利于收支核算，提高经济效益，又有利于财税、工商等部门监督检查农民专业合作社的财务运转状况与盈亏情况，依法征收相关税费。农民专业合作社作为独立的市场经济主体，做好财务管理工作，组织好各项资金活动，处理好各种财务关系，可以保证合作社生产经营活动的健康运行，提高为成员服务的能力；依法确定合作社的财务会计制度，规范合作社的财务会计活动，保证财务会计信息的真实性、完整性和全面性等，都是《农民专业合作社法》的重要内容。

二、合作社财务管理的主要内容

（一）资金筹集管理

农民专业合作社作为一个经营性组织，必须具有一定的资金，这是其从事经营活动的

知识链接

农民专业合作社财务制度

农民专业合作社财务制度包括两大方面：

1. 国家及有关部门根据农民专业合作社财务会计管理的需要制定的有关财务管理方面的规章制度，如《中华人民共和国会计法》《会计基础工作规范》《农民专业合作社财务会计制度（试行）》以及将来国家财政部门依法制定的有关财务会计准则与规则等。

2. 农民专业合作社本身依据法律、行政法规与财务会计制度，为加强财务会计管理与核算而制定的内部规章制度。具体包括财务会计机构与人员的设置、职责范围、财务会计收支与报销程序等。

基础。针对农民专业合作社发展处于初期阶段存在资金严重缺乏的问题，《农民专业合作社法》允许合作社以成员出资等方式筹集资金，以保证合作社的资金需求。农民专业合作社的资金来源主要有成员出资、从合作社盈余中提取的公积金、国家扶持资金、他人捐赠资金、对外举债所取得的资金等。

（二）合作社的资产、负债管理

1. 资产管理

农民专业合作社的资产包括货币资金、应收款项、存货、对外投资、农业资产、固定资产和无形资产。资产管理是农民专业合作社财务管理的重要组成部分，只有不断改进和加强资产管理，提高资产的利用率和使用效率，才能确保农民专业合作社及其成员的共有财产得到依法保护，免受非法侵害。

2. 负债管理

农民专业合作社的负债是指农民专业合作社与其他经济组织、社会团体和个人发生交易、办理相关业务而形成的义务，且履行该义务将会导致经济利益流出。

负债作为一种经济资源，如果能够合理利用、控制负债的数量和结构，有利于促进农民专业合作社的健康发展。反之，如果不顾自身实际，盲目举债，就有可能背上沉重的债务包袱，影响农民专业合作社的正常营运。因此，农民专业合作社不能超过自身的经济实力，对外大量举债。确需对外举债时，要根据生产经营状况、服务能力、承担债务的能力合理确定负债规模，并按章程规定的程序和方式，办理借款和贷款手续。

（三）合作社的成本、费用管理

1. 成本管理

农民专业合作社的生产成本是直接组织生产或对非成员提供劳务等活动所发生的各项生产费用和劳务成本。按照《农民专业合作社财务会计制度（试行）》规定，农民专业合作社生产成本的核算对象，主要有直接组织生产产品的耗费和对外提供劳务的耗费。

专家提示

农民专业合作社成员出资的规定

合作社从事经营活动的主要资金来源是成员出资。成员出资也是农民专业合作社参与民事活动、为自己取得民事权利、设立民事义务的前提条件。尽管如此，《农民专业合作社法》还是把成员是否出资、如何出资、出多少资、出资如何参与盈余分配等问题，交由合作社章程决定。

农民专业合作社向成员募集资金的总量，应根据合作社经营业务的发展需要，并根据成员的经济状况，量力而行，也可以根据事业的发展，分次进行。成员出资数量、形式、时限、每股多少钱、盈余分配等，都应当由成员大会或成员代表大会决定。

由于成本核算是一个复杂的过程。农民专业合作社直接组织产品生产的品种单一，规模较小，大规模农产品生产一般都由独立的成员来实施，农民专业合作社对外提供劳务的规模也较小。财政部和农业部本着既适应成本管理的要求，又简化成本核算手续的原则，特别做出了农民专业合作社产品成本核算的相关规定，力求简单、方便、易行。

2. 费用管理

费用是指农民专业合作社进行生产经营活动所发生的各种耗费的总和，包括经营支出、管理费用和其他支出等。

农民专业合作社应根据当年预计收入编制费用支出预算，交成员大会或成员代表大会讨论决定，加强对各项费用的管理和预算执行情况的监督，控制不合理支出，节约开支。

（四）合作社的收入管理

农民专业合作社的收入是指在销售商品、提供服务及让渡资产使用权等经营活动中所形成的经济利益的总和，包括经营收入和其他收入。

农民专业合作社的经营收入是指农民专业合作社为成员提供农业生产资料的购买，农产品的销售、加工、运输、储藏，与农民生产经营有关的技术、信息等服务取得的收入，以及销售农民专业合作社自己生产的产品、对非成员提供服务等取得的收入。

农民专业合作社的其他收入是指除经营收入以外的收入。

知识链接

费用和成本的联系与区别

费用和成本是两个并行使用的概念，两者之间既有联系也有区别。成本是相对于特定的产品或劳务所发生的费用，是按照产品品种或劳务项目等成本计算对象，对当期发生的费用进行归集。费用是一定会计期间内资产的耗费，与特定的产品或劳务无关；成本与特定的产品或劳务相联系，无论发生在哪一个会计期间的费用都应计入其成本。

专家支招

如何做好合作社的收入管理

要加强收入的管理，农民专业合作社首先要建立健全产品销售管理制度，明确审批人和经办人的权限、程序、责任和相关控制措施。其次，要按照规定的程序办理销售和发货业务，设置相关的记录、填制相应的凭证，加强单据和凭证的相互核对。按照有关规定及时办理销售收款业务，销售收入及时入账，不得设置账外账。第三，要加强销售合同、发货凭证、运货凭证、销售发票等文件和凭证的管理。第四，合作社的执行监事或监事会应当定期或不定期对销售业务内部的控制制度进行监督检查，对发现的薄弱环节，应当采取措施，及时予以纠正。

知识链接

农民专业合作社成员账户记载的内容

依据法律和制度规定，成员账户记载的内容包括以下内容：

1. 成员的出资额。
2. 分摊到该成员的公积金份额。
3. 财政扶持资金所形成的财产平均量化到该成员的份额。
4. 他人捐赠财物所形成的资产平均量化到该成员的份额。
5. 成员与农民专业合作社的交易量（额）。
6. 盈余返还金额（按交易额返还盈余部分）。
7. 剩余盈余返还金额（按其他方式分配盈余的部分）。

知识链接

农民专业合作社设立成员账户的作用

以成员为主要服务对象，是合作社区别于其他经济组织的根本特征。如果一个合作社主要为非成员服务，它就与一般的公司制企业没有什么区别了，合作社也就失去了作为一种独立经济组织形式存在的必要性。通过设立成员账户达到对合作社成员与非成员单独核算的目的，成员账户的基本作用体现在：

1. 成员账户是成员对农民专业合作社承担经济责任的依据。
2. 成员账户是按交易量（额）返还成员可分配盈余的依据。
3. 成员账户是确定附加表决权的依据。
4. 成员账户是处理成员资格终止时有关财务问题的依据。
5. 成员账户是监督财政扶持资金使用效果和管理的主要依据。

（五）合作社的成员账户管理

成员账户是全面反映农民专业合作社成员入社的出资额、量化到成员的公积金份额、形成财产的财政补助资金量化到成员的份额、捐赠财产量化到成员的份额、按成员与本社的交易量（额）返还给成员的可分配盈余和分配给成员的剩余盈余的账户。

成员账户按每个成员实名编制，详细记录每个成员与本社的交易量（额）以及按此返还给该成员的可分配盈余、成员的权益占本社全部成员权益的份额以及按此分配给成员的剩余可分配盈余。

三、合作社做好财务管理活动的措施

1. 建立完善的财务制度

完善的财务制度是农民专业合作社良好运行、维护成员利益的制度保障，因而重要的财务管理制度以及盈余分配和亏损处理的办法、程序必须写入合作社章程。

2. 充分发挥成员大会的决策作用

成员大会对合作社的生存和发展可能产生重大影响的财务活动都应当进行决策。主要包括：一是决定重大财产处置、对外投资、对外担保和生产经营活动中的其他重大事项；二是批准年度业务报告、盈余分配方案和亏损处理方案；三是听取执行监事或者监事会对合作社财务的审计报告，必要时成员大会也可以委托审计机构对合作社的财务进行审计。

3. 强化日常管理

理事会（理事长）负有组织和管理合作社日常财务活动的职责，包括聘任经理和财务会计人员，组织编制年度业务报告、盈余分配方案、亏损处理方案以及财务会计报告等，要通过强化合作社的日常管理工作，保证合作社的正常运转。

4. 强化监督工作

监事会（执行监事）负有对合作社的财务活动进行监督的职责，包括对合作社的财务进行内部审计，并将审计结果向成员大会报告，借助监事会的监督作用，减少合作社运营过程中可能出现的各种问题。

项目二 合作社盈余分配管理

农民专业合作社的盈余分配，是指把当年实现的盈余总额连同以前年度的未分配盈余，按照章程规定或成员大会决议进行分配。盈余分配是全体成员分享农民专业合作社经营成果的集中体现，关系到全体成员的切身利益，关系到农民专业合作社的持续健康发展。农民专业合作社管理机构和管理人员必须严格遵守法律、法规和章程的有关规定，高度重视盈余分配工作，正确处理好各方利益关系，确保盈余分配公平、公正。

一、编制合作社盈余分配方案

盈余是指农民专业合作社在一定会计期间内生产经营、服务和管理活动所取得的净收入。它反映农民专业合作社一定时期的财务成果，是考核农民专业合作社生产经营活动和服务质量的一项综合性财务指标。

1. 计算全年的收入和支出

按照会计的权责发生制原则，把本年度合作社实现的收入和发生的支出记入相应的收入和支出项目，认真做好年终决算工作，及时结转账务，计算农民专业合作社当年的收入与支出。

2. 清理财产和债权债务

每年年终，农民专业合作社应对所有的财产及债权债务进行一次全面清理。对各项资产、存货出现的盘盈、盘亏、毁损、报废等，要查明原因，及时处理。加紧催收各种应收款项，凡是属于当年应该收回的，力争全额收回；当年确实无法收回的，应按《农民专业合作社财务会计制度（试行）》规定，妥善入账处理，任何人不得擅自决定应收款项的减免。积极筹集资金偿还各项债务的本金和利息，并结出年终余额。

3. 编制盈余分配预案

年终决算结束后，合作社的财会人员应当按照《农民专业合作社法》《农民专业合作社财务会计制度（试行）》《农民专业合作社章程》以及成员大会或成员代表大会决议等，编制盈余分配预案，报理事长或者理事会，经成员大会或成员代表大会民主讨论，充分听取成员的意见，经批准后实施分配。未经成员大会或者成员代表大会通过的分配方案，农民专业合作社不得进行分配。

二、合作社盈余分配的顺序

依照《农民专业合作社法》和《农民专业合作社财务会计制度（试行）》的规定，农民专业合作社实现的盈亏，按照以下顺序进行分配（图 6-1）。

1. 弥补亏损

计提的这部分资金主要用于弥补农民专业合作社以前年度的亏损。

2. 计提盈余公积金

要按照合作社章程规定的比例提取公积金，主要用于发展生产、弥补亏损、转为成员出资。

3. 按交易量（额）分配盈余

弥补亏损、提取公积金后的当年盈余为农民专业合作社的可分配盈余。可分配盈余按照合作社章程规定和成员交易量（额）比例分配，这部分的分配比例不低于可分配盈余总额的 60%。

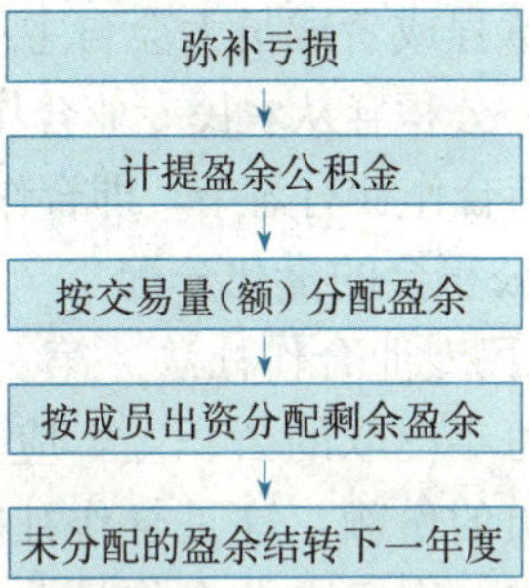

图 6-1　农民专业合作社盈余分配顺序

4. 按成员出资分配剩余盈余

按交易量（额）分配可分配盈余后的可分配盈余，为剩余可分配盈余，按照成员出资额、公积金份额、财政扶持资金和他人捐赠所形成的财产份额，按比例分配给成员。

5. 未分配的盈余结转下一年度

一般情况下，农民专业合作社当年实现的盈余应当全部分配，但经成员大会或成员代表大会决议，确需留一部分盈余不分配，应结转下一年度。

三、合作社进行盈余分配应注意的问题

（一）盈余分配顺序问题

合作社盈余要严格按照上述程序和内容分配，以充分体现合作社服务成员的办社宗旨。

（二）公积金的提取与量化分配问题

1. 公积金提取

(1) 农民专业合作社是否提取公积金，由其章程或者成员大会决定，不是强制性的规定。这是因为不同种类的农民专业合作社对资金的需求不同，盈利状况也不一样，因此不

知识链接

合作社盈余分配不计提公益金和风险金

《农民专业合作社法》规定，合作社在进行盈余分配时，首先要计提弥补亏损的资金，然后在计提公积金，剩余的盈余即为可分配盈余。可分配盈余先按照社员交易量（额）用于合作社成员的利益分配，然后才是按照股份进行分红。法律没有对合作社计提公益金和风险金进行硬性规定。当然，如果合作社通过章程规定提取公益金和风险金的，则遵照合作社章程执行。

能强求每个农民专业合作社都提取公积金，而是要根据合作社自身对资金的需要和盈利状况，由章程或者成员大会自主决定。

(2) 公积金从农民专业合作社的当年盈余中提取，比例由章程或合作社成员大会决定，只有当年合作社有盈余，即合作社收入在扣除各种费用后有剩余，才可以提取公积金。

2. 公积金的量化分配

《农民专业合作社法》第三十五条第二款规定，合作社每年提取的公积金，应按照章程规定量化为每个成员的份额，这是合作社在财务核算中的一个重要特点。农民专业合作社公积金的产生，来源于成员对合作社的利用，本质上属于合作社成员所有。为明晰合作社与成员的财产关系，保护成员的合法权益，《农民专业合作社法》规定公积金必须量化为每个成员的份额。为鼓励成员更多地利用合作社，一般情况下，公积金的量化标准主要依据当年该成员与合作社的交易量（额）来确定。合作社也可以根据自身情况，根据其他标准进行公积金的量化。

> 由于成员与合作社的交易量以及出资比例，每年都会发生变化，而每年的盈余分配比例也会有所改变。因此，每年都应当对公积金进行量化。
>
> 需要特别注意的是，每年公积金的量化情况应当及时记载到成员账户中。

公积金的量化一般有三种形式：一是以成员出资为标准进行量化；二是把成员出资和交易量（额）结合起来考虑，两者各占一定的比例进行量化；三是单纯以成员平均的办法来量化。具体采取哪种形式，要根据广大成员的意愿和要求去做，既要合理，又要切合实际。

专家提示

分配可分配盈余的注意事项

1. 在分配顺序上 首先按交易量（额）的份额向成员返还，然后再进行按股金分红。

2. 在分配比例上 每个合作社按交易量（额）返还和股金分红在可分配盈余中所占比例，由章程或成员大会规定，但按交易量（额）比例返还的总额不得低于整个可分配盈余的60%，股金分红总额不得高于整个可分配盈余的40%。这一法律规定，体现了合作社以按交易量（额）二次返还为主、按股金分红为辅的原则。合作社可分配盈余实行以按交易量（额）分配为主的办法，是成员实现互助合作的重要体现。

3. 不能以股金分红替代按交易量（额）返还 一些合作社只给入股成员分红，而不按交易量（额）返还，或者以股金分红代替按交易量（额）返还，或者混淆按交易量（额）返还和股金分红。这些做法实质上是只实行按股金分配盈余，只承认了股金对合作社发展的贡献，与公司的分配办法完全一样，是不符合合作社分配原则的。

（三）可分配盈余的分配

农民专业合作社的盈余分配，主要由两部分组成。一是提留公积金，二是扣除公积金之后的可分配盈余。合作社可分配盈余的分配实行按交易量（额）返还为主、按股金分红为辅的盈余分配制度，这是与公司依据出资额进行利润分配的根本不同之处。

在进行按交易量（额）二次返还分配时，需要注意两点：一是成员与合作社之间的交易量（额），不仅包括成员向合作社提供的原料产品的交易量（额），还包括合作社向成员提供的生产资料的交易量（额）。二是选择以交易量还是交易额为依据进行二次返还，要根据某个具体的合作社而定。如果成员交售产品的质量和规格没有较大差别，依据交易量分配比较简单；如果每个成员生产产品的质量和规格差别较大，最好依据交易额分配。

（四）要确定一定的股金分红比例

合作社之所以要实行股金分红，主要原因有：一是合作社成员的经济实力不同，或者由于其他因素，导致有的出资多，有的出资少，有的甚至没有出资。二是在成员出资不同和合作社的发展又需要大量资金的情况下，为了更好地筹集到合作社发展所需要的资金，适当按照出资进行盈余分配，可以使出资多的成员获得较多的盈余，从而实现鼓励成员出资，壮大合作社资金实力的目的。三是在实行按交易量（额）返还为主的前提下，实行按股金分红为辅，这可以充分兼顾各方利益，在坚持合作社价值观的原则、增强合作社的凝聚力和活力的同时，又可以保障出资人（包括公司、大户）的利益，并增强合作社筹集资金的能力。

能力转化

◆记一记

1. 为什么要加强农民专业合作社的财务管理？
2. 如何筹措农民专业合作社的运营资金？

◆议一议

1. 为什么农民专业合作社与其成员和非成员的交易要分别核算？
2. 为什么农民专业合作社的公积金要量化为每个成员的份额？

◆想一想

1. 农民专业合作社的盈余如何分配？
2. 农民专业合作社为何要进行股金分红？这与合作社的宗旨矛盾吗？
3. 农民专业合作社为什么要建立成员账户？
4. 农民专业合作社如何做好财务活动的管理？

◆做一做

根据本年度合作社的收支情况，制订一份合作社盈余分配方案。

单元七

农民专业合作社的发展

项目一　走向联合社
项目二　农民专业合作社的合并与分立
项目三　农民专业合作社的解散、破产与清算

【学习目标】

1. 了解农民专业合作社联合社的好处，把握联合社的发展趋势。
2. 熟悉联合社注册登记的条件。
3. 熟悉合作社的合并与分立的程序。
4. 了解合作社的解散、破产与清算的程序。

案例导入

北镇生旺蔬菜专业合作社在第一次分红扩股后，社员们的干劲更足了。但是要增强抵御市场风险的能力，就要扩大发展规模，提高经营实力。每个理事长都希望自己注册的合作社能够发展壮大，老郭这几天也在思考北镇生旺蔬菜专业合作社下一步的发展方向。

和省城里的王教授通过一通电话后，老郭有了自己的主意——走联合发展的路子！他和老王来到镇里，找到北镇李凯蔬菜专业合作社的理事长李凯商谈联合发展的事儿。双方一拍即合，同意共同出资组建专业合作联合社。联合社的理事会由双方共同出人组建，引入职业经理人进行日常管理。双方商定，联合社在农业生产资料的购买上统一进货价格；在农产品生产上统一标准，统一管理；在农产品的销售渠道上统一品牌，双方共享；在资金互助上互相担保，统一信用体系。

◆ 案例分析

农民专业合作社走向联合是我国农民合作组织发展的一个方向，不论是成立联合会、协会还是联合社，都将增强合作社适应大市场的能力，避免恶性竞争。通过成立联合社引进新的运营模式和管理机制，增强合作社单体与单体之间的协作，提升农民合作经济组织的整体抗力，同时通过联合社体系加强区域与区域之间的优势互补，最终实现大区域合作社联合社社员利益最大化的愿望，借助联合社的组织特点完成农民合作社的升级。联合社具有独立法人资格，可设分社，它进一步提高了农民组织化的程度。联合社可以由合作社的纵向发展而演变，也可以通过老郭这种办法与其他合作社进行横向联合而构成。联合社更容易接受政府的支持与帮助。

项目一　走向联合社

农民专业合作社联合社（以下简称“联合社”）是两个及以上农民专业合作社以产品和产业为纽带，基于做大同一产业、延长产业链、提高竞争力而自愿联合、民主管理的互助性经济组织，主要是在一定行政区域内设置的合作组织联合体，如××县养猪联合社、××市蔬菜种植联合社等。

一、成立农民专业合作社联合社的好处

农民专业合作社成立联合社可以解决单一合作社发展规模小、经营实力弱、市场竞争力有限等问题，为合作社的发展壮大提供了有效途径。成立联合社的好处主要体现在：一是联合社在农业生产资料的购买和农产品的销售上，可以更好地实现大规模购销，节约交易成本和费用，争得交易价格上的优惠，争取对外谈判的主动，让社员获得更多的经济实惠，其经营规模和效益是一般的农民专业合作社难以企及的。二是联合社可以克服合作社难以适应大市场的矛盾，在一些地区和一些产业的问题上携手联合，实现二次合作，有效避免恶性竞争。三是联合社可以解决单个合作社因势单力薄难以解决的问题，满足成员对服务的多样化需求，如扩大农产品销售、实现产品直销功能、实现加工增值功能、开展信用合作、实现资金互助功能等。

二、农民专业合作社联合社的注册登记

联合社参照《农民专业合作社法》和《农民专业合作社登记管理条例》，办理农民专业合作社法人登记，领取“农民专业合作社法人营业执照”，由其住所地的县（市、区）工商行政管理机关负责登记管辖。

1. 设立联合社应遵循的原则

一是要遵循成员以农民专业合作社为主体的原则，企业、事业单位和社会团体的成员不超过成员总数的20%，且应与农民专业合作社成员产业相关联，自然人和具有管理公共事务职能的单位不纳入联合社成员；二是要以服务成员、做大产业为宗旨，谋求全体成员共同利益的原则；三是要遵循入社自愿、退社自由的原则；四是要遵循成员地位平等，实行民主管理的原则；五是要遵循盈余主要按成员与联合社的交易量（额）比例返还的原则。

2. 设立联合社应当具备的条件

成立农民专业合作社联合社要具备的条件有：一是有两个及以上符合上述要求的成员；二是有全体成员共同订立的符合《农民专业合作社法》的章程；三是有符合规定的联

合社名称和章程确定的住所；四是有章程规定的组织机构，按章程选举产生联合社负责人；五是有符合法律、法规和产业政策规定的业务范围；六是有符合章程规定的全体出资成员签名盖章的出资清单。

三、注册农民专业合作社联合社应注意的问题

1. 关于变更登记

联合社的名称、住所、出资总额、业务范围、法定代表人发生变更的，参照《农民专业合作社登记管理条例》中有关变更登记的要求，由联合社向登记机关申请变更登记。联合社成员发生变更的，由联合社将法定代表人签署的修改后的成员名册报送登记机关备案。其中，新成员入社的应提交新成员的主体资格证明。

联合社的分立、注销，参照《农民专业合作社法》和《农民专业合作社登记管理条例》关于农民专业合作社分立、注销的规定办理登记。

2. 关于联合社设立分支机构问题

联合社可以设立分支机构，联合社分支机构比照《农民专业合作社法》和《农民专业合作社登记管理条例》关于农民专业合作社分支机构的规定办理相关登记事宜。

3. 关于备案

经工商行政管理部门登记设立的联合社，应在 30 日内持营业执照、组织机构代码证及登记在册的成员名单到当地农业主管部门备案。

专家提示

农民专业合作社联合社注册登记需提交的材料

申请设立联合社，由全体设立人指定的代表或者委托的代理人向登记机关提交下列文件：

1. 设立登记申请书。
2. 全体成员盖章的设立大会纪要。
3. 全体成员盖章的章程。
4. 法定代表人、理事的任职文件和身份证明。
5. 载明成员名称、出资方式、出资额以及成员出资总额，并经全体成员盖章确认的出资清单。
6. 载明成员名称、主体资格证件编号和住所的成员名册。
7. 能够证明联合社对其住所享有使用权的住所使用证明。
8. 全体设立人指定代表或者委托代理人的证明。
9. 联合社名称预先核准通知书。
10. 联合社成员的主体资格证件复印件。
11. 申请登记的业务范围中有属于法定前置审批项目的，需提交相关批准文件或许可证件复印件。

4. 关于收费

登记机关对联合社实行登记注册不收费、不年检制度。对联合社出现的登记违法行为，依据《中华人民共和国行政许可法》的有关规定处理；对联合社出现的经营违法行为，依据相关法律法规处理。

四、联合社的发展趋势

目前，农民专业合作社联合社的发展已经表现出强大的生命力。联合社的组建，有效地克服了分散合作社的弊端，实现了降低生产成本、形成主导产业规模、加快科技推广、解决资金信贷诚信和与企业密切合作的目的，但整体还处在探索阶段，不仅没有现成的运行模式，也没有可遵循的法律规范。因此，急需立法予以确认，如明确联合社的组织构成、职能、联合社与专业合作社的关系、政府相关部门与联合社的关系等。

拓展阅读

黑龙江省讷河市大豆合作社联合社

目前，我国农民专业合作社还面临着规模偏小、管理不规范等诸多问题。如何有效地克服这些问题，是合作社健康发展的关键。黑龙江省讷河市优质高蛋白大豆种植专业合作社联合社的运行经验对于进一步思考农民专业联合社如何发展，具有多方面的启示作用。

合作社为成员节省了劳动力、降低了成本，农民参加合作社的积极性空前高涨。但在合作社的运行过程中并非一帆风顺，也出现了一些问题，主要表现为：一是对接市场难，二是吸引资金难，三是培育品牌难，四是集聚产业难，五是对外协调难。面对这一现状，2011 年年初，在讷河市相关政府部门的协调与帮助下，讷河市组建了优质高蛋白大豆种植专业合作社联合社（以下简称“讷河市联合社”）。讷河市联合社由 18 家在讷河市具有代表性的各类种植专业合作社倡议组建而成。分布在讷河市的 9 个乡镇、66 个村，入社农户达 7 560 户。

讷河市联合社坚持“民主管理、共同协商、统一调度、分社运作、规范运行”的原则，降低了生产成本、形成了产业规模，有效克服了合作社分散的弊端，为创建品牌奠定了基础。

◆ 点评

从讷河市合作社联合社的发展看，联合社的功能远远不止在合作社经营和农户经济利益实现方面，联合社的运行不仅对农业产业链条的延伸和农业资源整合产生重要影响，同时也会对整个社会结构发生影响，如乡镇以及村的经济职能会转移到联合社，村委会与合作社的关系、乡镇与合作社的关系等均需要重新定位。

项目二　农民专业合作社的合并与分立

一、农民专业合作社的合并

农民专业合作社的合并，是指两个或两个以上的合作社，为了某种共同的经营目的如扩大生产经营规模、更好地为成员服务、开展服务项目等合并组成为一个社的情形。

农民专业合作社的合并，必须以合并各方的合作社以及成员有合并起来的内在需求为条件和基础。

（一）农民专业合作社合并的类型

1. 吸收合并

是指两个或者两个以上的农民专业合作社合并时，合并一方并入另一方的法律行为。采取吸收合并方式的，吸收方存续；被吸收方法人资格消灭。合并后存续的合作社，应当到工商行政管理部门办理变更登记；被吸收的合并社，应当依法到工商行政管理部门注销登记。

2. 新设合并

是指两个或者两个以上的农民专业合作社，合并成为一个新合作社的法律行为。采取新设合并方式的，合并各方的法人资格消灭，并应当到工商行政管理部门办理注销登记，重新取得法人资格。

（二）农民专业合作社合并的程序

《农民专业合作社法》规定，农民专业合作社合并，合并各方的债权债务应当由合并后存续或者新设的组织承续。根据这一要求，农民专业合作社合并，除要符合合并双方的要求和经济效益原则外，在操作上必须处理好债权债务关系，要将合并前各自的债权债务归由合并的新社承继，以使其债权人利益不受损害。合并程序涉及合作社及其成员和债权人的利益，应当依法进行（图 7-1）。

1. 做出合并决议

依据《农民专业合作社法》规定，合作社合并决议由合作社权力机构——成员大会做出。农民专业合作社召开成员大会，出席人数应当达到成员总数的 2/3 以上。成员大会做出合并的决议应当由本社成员表决权总数的 2/3 以上通过。章程对表决权人数有较高规定的，从其规定。

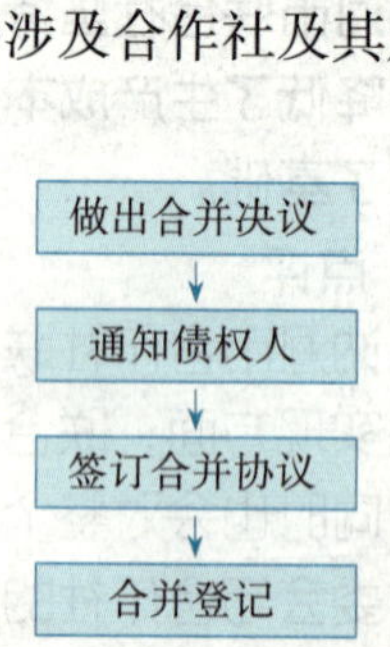

图 7-1　农民专业合作社的合并程序

2. 通知债权人

合作社应当自做出合并决议之日起 10 日内通知债权人。

3. 签订合并协议

合作社合并协议是两个或者两个以上的合作社就有关合并事项达成一致意见的意思表示。合作社合并协议应当采取书面形式，并有合作社各方在协议上签名、盖章。

4. 合并登记

合并登记分为变更登记、注销登记、设立登记。因合并而存续的合作社，应当办理变更登记；因合并而解散的合作社，应当办理注销登记；因合并而新设的合作社，应当办理设立登记。合作社合并只有依法登记后，才产生法律上的效力。

二、农民专业合作社的分立

农民专业合作社的分立，是指一个农民专业合作社依法分成两个或者两个以上的农民专业合作社的法律行为。

（一）农民专业合作社分立的类型

1. 创设分立

又叫“新设分立”，是将原来的一个合作社依法分割成两个或者两个以上新的合作社的法律行为。新设分立，原合作社的法人资格消灭，原合作社应当依法办理注销登记；分立后的合作社应当依法办理设立登记，取得法人资格。

专家提示

农民专业合作社合并的注意事项

农民专业合作社合并的法律后果之一就是债权、债务的承续。所为债权、债务的承续，是指合并后存续或者新设立的合作社，必须无条件地承续因合并而消灭的合作社的债权与债务。目的是提高合作社合并效率，保护债权人的合法权益。合并后存续或者新设的合作社对所继承的债权，有依法处置的权利，对所承续的债务，有依法清偿的义务。

专家提示

农民专业合作社分立前的债务由谁承担

依据《农民专业合作社法》的规定，农民专业合作社分立前债务的承担有以下两种方式：

1. 按约定办理　债权人与分立的合作社就债务清偿问题达成书面协议的，按照协议的约定办理。

2. 承担连带责任　合作社分立前，未与债权人就清偿债务问题达成书面协议的，分立后的合作社承担连带责任。债权人可以向分立后的任何一方请求偿还债务，被请求的一方不得拒绝。否则，债权人有权依照法定程序，向人民法院提起诉讼。

2. 派生分立

又叫“存续分立”，是指原合作社保留，但对其财产进行相应分割，另外成立一个新合作社的法律行为。原合作社由于发生财产分割等情况变化应当依法办理变更登记；派生的新合作社应当依法登记。无论原合作社办理变更登记，还是派生的新合作社办理登记，都应符合合作社成立的法定条件。

（二）农民专业合作社分立的程序

农民专业合作社分立的程序与合并的程序基本相同：一是由成员大会依据《农民专业合作社法》的规定，作出分立决议；二是通知债权人，合作社分立涉及债权人的利益，应当自做出分立决议之日起 10 日内通知债权人；三是签订分立协议；四是进行财产分割，其中包括对合作社债权、债务的分割；五是办理合作社分立登记。

项目三　农民专业合作社的解散、破产与清算

一、农民专业合作社的解散

农民专业合作社的解散是指因法律规定的事由出现而停止业务活动，最终使法人资格消灭的法律行为。

农民专业合作社一经解散，就不能再以合作社的名义从事经营活动，并应当进行清算。合作社清算完结，其法人资格消灭。

农民专业合作社因《农民专业合作社法》第四十一条第一款的原因解散，或者人民法院受理破产申请时，不能办理成员退社手续。因为成员退社时，需要按照章程规定的方式和期限，退还记载该成员账户内的出资额和公基金份额。如在农民专业合作社解散和破产时，为退社成员办理退社手续，分配财产，将影响清算的进行，并严重损害合作社其他成员和债权人的利益。因此，在农民专业合作社解散和破产时，不能办理成员退社手续。农民专业合作社解散时，应依法妥善处置合作社财产和债权债务问题。

二、农民专业合作社解散时财产的清算

农民专业合作社解散的清算，是指合作社解散后，依照法定程序清理合作社债权债务，处理合作社剩余财产，使合作社归于消灭的法律行为。清算的目的是为了保护合作社成员和债权人的利益。

《农民专业合作社法》规定，因章程规定的解散事由出现、成员大会决议、依法被吊

知识链接

农民专业合作社的解散事由

依据《农民专业合作社法》的规定，合作社应当解散的事由主要有四项：

1. 章程规定的解散事由出现，合作社的设立大会在制定合作社章程时，可以预先约定合作社的各种解散事由。如果在合作社经营中，规定的解散事由出现，成员大会或者成员代表大会可以决议解散合作社。

2. 成员大会决议解散，成员大会有权对合作社的解散事项做出决议，但需要本社成员 2/3 以上同意才能通过。

3. 因合并或者分立需要解散。

4. 被依法吊销营业执照或者被撤销。

当上述事由出现时，合作社就应解散。

销营业执照或者被撤销而解散的，应当在解散事由出现之日起 15 日内由成员大会推举成员组成清算组，开始解散清算。逾期不能组成清算组的，其成员、债权人可以向人民法院申请指定成员组成清算组进行清算，人民法院应当受理该申请，并及时指定成员组成清算组进行清算。因合作社合并或者分立需要解散的，其债权债务全部由合并或者分立后存续或者新设立的合作社承继，故不用成立清算组进行清算。

清算组是指在农民专业合作社清算期间负责清算事务执行的法定机构。合作社一旦进入清算程序，理事会、理事、经理立即停止执行职权职务，由成员大会推举或人民法院指定的清算组行使管理合作社业务和财产的职权，对内执行清算业务，对外代表合作社。

清算组清算过程中，如发现合作社财产不足以清偿债务，应及时向人民法院申请宣告破产。经人民法院裁定宣告合作社破产后，清算组应将清算事务移交给人民法院，进入破产清算程序。如清偿债务后还有剩余财产，即在支付清算费用、职工工资和社会保险费用以及清偿所欠税款及其他债务后剩余的合作社财产，应返还或分配给合作社成员。清算组工作程序见图 7-2。

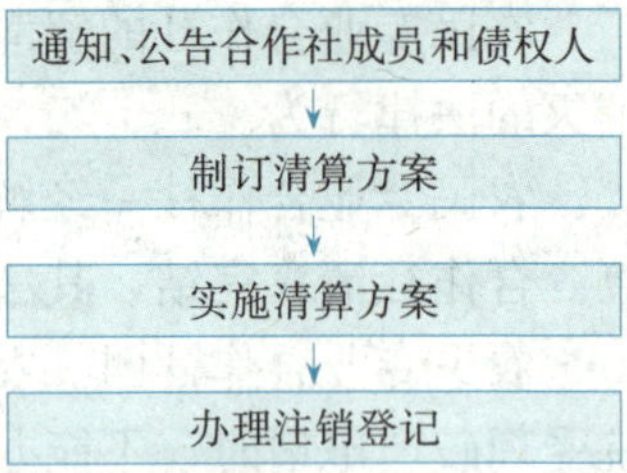

图 7-2 清算组的工作程序

知识链接

清算组在清算期间的主要职权

1. 处理与清算合作社未了结的业务。
2. 清理合作社财产（包括编制资产负债表和财产清单等）。
3. 清理债权债务。
4. 分配清偿债务后的剩余财产。
5. 代表合作社参与诉讼、仲裁或者其他法律程序。
6. 清算结束时办理注销登记。

专家提示

清算方案的编制要求

清算方案，是指农民专业合作社解散或者破产清算时，由清算组根据合作社的债权债务清理情况编制的以财产（包括债权及实物变现财产）清偿债务，并对剩余财产在成员中进行分配的具体方案。编制清算方案要符合以下要求：

1. 清算方案应由清算组负责编制。
2. 清算方案应包括对所有债务的清算。
3. 清算方案的清偿应符合法定顺序。
4. 清算方案的生效应符合法定程序。

清算方案必须经农民专业合作社成员大会通过或者人民法院确认后才能开始实施。

三、农民专业合作社的破产

破产是指某种经营组织在经营中由于市场变化或其他原因导致不能清偿到期债务，由债权人或者债务人向人民法院申请该债务人破产的情形。合作社破产，即合作社不能清偿到期债务时，为保护债权人的利益，以法定程序将合作社的资产，依法在全体债权人之间按比例公平分配，不足部分不再清偿的法律制度。

农民专业合作社作为一种经营组织，在日常经营活动中，有可能发生不能清偿到期债务的情形。这种不能清偿的债务无法通过自行解决时，就要进行破产清算。对此，《农民专业合作社法》规定，清算组发现农民专业合作社的财产不足以清偿债务的（主要是指该社流动性资产不足以清偿它对债权人所欠的各种债务，包括所欠一个或多个债权人的债务），应当依法向人民法院申请破产。人民法院对债务人的情况进行审查后，认为符合法定的原因即可进入破产程序，并通过该程序处理债务纠纷。

四、农民专业合作社破产的清算

农民专业合作社破产关系到成员和债权人的利益。为了保障成员和债权人的利益，法律规定只有人民法院有权宣告合作社破产，合作社不能自行宣告破产，债权人也无权宣告合作社破产。当然，债权人可以向人民法院申请宣告合作社破产还债。人民法院裁定宣告合作社破产后，由有管辖权的人民法院接管，并负责处理该合作社的破产事宜。

《农民专业合作社法》规定，农民专业合作社破产适用《中华人民共和国企业破产法》的有关规定。但是，在清偿破产费用和共益债务后，破产财产应当优先清偿破产前合作社与农民成员已发生交易但尚未结清的款项。尚有剩余的破产财产依照下列顺序清偿：一是破产人所欠成员的工资和医疗、伤残补助、抚恤费用，所欠的应当划入职工个人账户的基本养老保险、基本医疗保险费用，以及法律、行政法规规定应当支付给成员的补偿金；二是破产人欠缴的除前项规定以外的社会保险费用和破产人所欠税款。

知识链接

合作社解散和破产时，接受国家财政直接补助形成的财产处置

《农民专业合作社法》第四十六条规定，农民专业合作社接受国家财政直接补助形成的财产，在解散、破产清算时，不得作为可分配剩余资产分配给成员。国家财政直接补助是国家为扶持农民专业合作社的发展，提高合作社的服务水平和竞争能力，使成员通过合作社获得更多收入，让成员充分分享合作社的利益而发放的。这对于资金缺乏、规模弱小，尚处于初始阶段的农民专业合作社具有显著的扶持作用。国家财政直接补助不是补助合作社中的某个成员，因此其形成的财产，不能在清算时分配给成员。关于合作社解散和破产时，接受国家财政直接补助形成的财产如何处置，《农民专业合作社法》授权国务院制定处置办法。

优先清偿破产前合作社与农民成员已发生交易但尚未结清的款项的制度，充分考虑了农民专业合作社的自愿联合、民主管理的互助性经济组织的特性；充分考虑了合作社的盈余主要按照成员与合作社的交易量（额）比例返还的特性；充分体现了合作社服务成员、保障成员权利的原则。

能力转化

◆记一记

1. 注册联合社的主要程序。
2. 农民专业合作社分立与合并的程序。

◆议一议

1. 合作社破产后，国家财政给予的扶持资金应怎样处理？
2. 成立联合社的好处有哪些？

◆想一想

1. 清算组在清算期间的主要职权有哪些？
2. 合作社的解散清算与破产清算有何差别？

◆做一做

结合自身合作社的章程及合作社运营的实际情况，制定一个联合社的章程。

单元八

政府对合作社的政策支持

项目一　合作社的规范发展
项目二　政府对合作社的支持政策

农村经济

【学习目标】

1. 了解合作社发展中存在的问题。
2. 熟悉政府对合作社的支持政策。
3. 掌握合作社争取政府项目支持的工作程序。

案例导几

通过成立联合社，北镇生旺蔬菜专业合作社和北镇李凯蔬菜专业合作社都得到了进一步的发展壮大，成员发展到近 500 人，农产品生产基地遍布附近 3 个乡镇。经过几年的发展，联合社逐步完整了管理体系，健全了合作社的软、硬件设施，完成了配套链接，充分发挥桥梁纽带作用，采取“公司＋合作社＋成员”的模式，对外与超市、学校、企业达成固定的营销渠道，对内免费向成员提供农资产品及技术指导等服务，实行保护价收购，确保了成员的利益。

目前，该联合社在当地的现代农业建设中起着领头羊的作用，地位举足轻重，得到了行业主管部门的大力支持。作为带领农户发家致富的典型，镇农业发展局找过老郭，说要支持他们的发展，政府要对现有设施农业进行设施升级改造。听到这个消息，老郭他们又一次感受到了党和政府的支持，感到合作社的发展不仅要为社员谋利益，还要为区域经济发展贡献力量。他们决心扎实工作，进一步增强服务能力，向国家级示范社冲刺。

◆ 案例分析

农民专业合作社是现阶段国家支持“三农”发展落实政策的主要载体。每一年，中央财政和地方财政都要安排专门资金，用于支持农民专业合作的组织与发展。

国家鼓励农民建设农民专业合作社示范，并以省级示范社、国家级示范社予以资金与政策的重点支持。享受优惠政策就等于减少合作社的经营成本，国家与各地方政府连续出台多项优惠政策鼓励合作社发展，分别从税收减免、金融政策、土地政策、用水用电、农产品流通等多方面予以优惠。

项目一 合作社的规范发展

农民专业合作社的发展，从不成熟逐渐走向成熟，从不完善逐渐走向完善，必然经历一个逐渐规范发展的过程。只有规范发展，农民专业合作社才能按照经济规律从事生产经营，才能符合市场发展的要求，才能使合作社逐步进入科学发展阶段。因此，规范化管理对于合作社来说尤为重要。

目前，随着农民合作社的蓬勃发展，一些地方出现了重数量轻质量、重速度轻效益、重发展轻规范的误区。主要表现为合作社数量较多，质量偏低，带动农户甚少，效果不够明显。存在上述问题的主要根源，在于合作社的规范化管理程度较低。那么，合作社的规范化管理应从哪些方面入手，才能又好又快地促进合作社发展呢?

一、农民专业合作社运行中存在的问题

（一）合作社内部组织机构运行不规范

1. “三会”机构空设

少数合作社成员只有几个、十几个，而内部机构设置上，成员大会、理事会、监事会几乎样样都有，有的合作社有登记手续、有场所、有牌子、有章子，就是看不到有人办公和经营。

2. “三会”运行困难

有些合作社几年开不到一次成员大会。

3. “三会”职权混淆

少数合作社的大小事务、决策事项，只由少数人说了算，致使一些合作社成为少数人谋取利益的工具，成员的参与权、知情权、决策权、监督权得不到有效保障和充分发挥。

（二）农业生产不规范

建立农产品统一的生产标准、确保农产品的质量安全是成立合作社的根本目的之一。但在实际运行中，由于个别合作社没有制定统一的生产标准，没有提供统一的生产技术服务，没有统一采购生产资料，没有严格的采收标准，造成农产品的质量难以保证。加上合作社没有严格的管理制度和控制措施，客观上造成合作社成员各自为政，难以实现农业标准化生产。

（三）财务管理不规范

个别合作社虽有组织，但没有严格按照法律规定建章立制，尤其在财务管理方面，没有建立财务会计制度，没有专门的会计人员，合作社的支出和收入只记流水账，账目混乱，不能体现出合作社的整体经营效果。

（四）收益分配不规范

《农民专业合作社法》对合作社的收益分配进行了明确规定，但在实际运行中，不少合作社的收益分配没有严格按照法律和章程的规定提取公积金、公益金和风险基金，也没有严格按照法律和章程规定的比例对可分配盈余进行分配，造成成员积极性的降低。

（五）政府指导不规范

农民专业合作社是独立的经济组织，政府只是对合作社的运营具有指导权利和引导作用，更多的是提供服务。但个别地方，政府的一些管理部门却偏偏什么事都要插手，而政府该做的事情却没有做好、做不到位，合作社的积极性受到打击。

二、规范发展农民专业合作社的措施

（一）狠抓示范建设，引导规范发展

要以《农民专业合作社法》为准绳，以农民“自愿”为原则，正确处理政府引导和农民自愿联合的关系，不能以单纯追求合作社数量的发展而做硬性要求，也不能在合作社成立时放松注册登记审核的质量要求，任其盲目发展。政府部门应当以示范社建设为抓手，着力培育一批经营规模大、服务能力强、质量安全优、民主管理好的示范社，充分发挥典型引路、示范带动的作用，引导各类合作社加强制度建设，完善运行机制，增强内部活力和发展后劲。特别要注重引入社会监督力量，探索建立示范社面向社会公示和逐年考评制度，广泛听取意见，对考评不合格的示范社予以摘牌，确保示范社得到群众公认，真正成为示范典型。

（二）强化人才培养、规范合作社管理

1. 按企业经理人的要求培训专业合作社的理事长

通过培养管理层人员，提高合作社企业化运作的能力。合作社的理事长是合作社的带头人、日常事务的负责人，合作社要持续发展，就要把带头人培养好，运用好，发挥好。要按照企业经理人的基本要求来培训理事长，提高他们在专业生产、社会公关、社会经营方面的能力，更好地去开拓市场、创新发展。

2. 培训好财务人员，规范财务管理

如果一个合作社连最基本的经营收入、业务支出、盈余分配，往来账目都没有原始记载，那么每年政府对合作社的政策优惠、资金扶持、项目审批都将成为空话。为此，配置好合作社的财会人员是当务之急。

3. 加大对专业户的技术培训，促进产业升级

随着农民土地流转的速度加快以及政府对合作社的引导、扶持力度加大，农民专业合作社的产业化、规模化生产加速，低素质的专业户社员难以适应新的生产环境。要抓住当前有利时机，对专业户社员所从事的行业从技术上加大培训力度，使之尽快掌握一技之长，以适应不断扩大的生产和迅猛发展的新产业，促进产业升级。合作社可以成立专门的培训学院，以便整合培训资源、提高培训的针对性和有效性。

（三）推进标准化生产，突出产业特色

农民专业合作社的建立和发展，要立足于地区的资源优势和产业特点，通过建立农业生产的标准化制度，推行“环境有监测、操作有规程、生产有记录、产品有检测、包装有标识、质量可追溯”的全程标准化生产，实施专项农业产业化经营，突出产品的优势，在市场竞争中坚持以特色取胜，以特色增效，以优质产品打开销路，扩大市场知名度，创名牌效应，以优质和特色占领市场。

（四）强化财务管理，合理分配盈余

农民专业合作社作为一种特殊的企业，其经营宗旨具有追求公平和效率的双重目标，规范的财务管理制度和利益分配制度是合作社制度的核心内容和灵魂，能最直接反映合作社的思想宗旨，是农民专业合作社稳定、发展、壮大的关键。要完善成员与合作社的利益分配关系，协调好利润分配中分红与积累的关系，明确以成员为主体的产权制度，确保成员权益的落实，激发农民的合作热情，克服松散性的弱点，使其具有持续的生命力和较强的带动力。

（五）更新政府观念，加大政策扶持

地方政府要更新理念，对农民专业合作社给以政策扶持，对合作社在工商登记及商标注册、财政扶持、税收优惠、信贷支持、人才引进等方面推出具体优惠和扶持政策。一是进行项目倾斜，可在设定条件的基础上，优先委托对口的合作社实施农业综合开发建设等工程项目。地方性项目的实施可以以合同的方式交给合作社，用实施的效果对合作社予以奖励。二是在税收政策上对合作社实行优待制，对初创期的经营行为实行税收减免。

项目二 政府对合作社的支持政策

2014年中央1号文件带来新一轮的农业政策利好，各路投资人心潮澎湃、蠢蠢欲动。新农业与农民的大联合时代已到来，全国各地新型经营组织模式层出不穷，以合作社为新农业切入口已占据行业主流，而国家政策也为主流的农业经营组织提供了更宽松的政策环境和最便利的操作方法。

一、政府支持农民专业合作社发展的必要性

我国农民专业合作社起步较晚，还处于发展的初级阶段，各地农民专业合作社的发展还很不平衡。大多数专业合作社缺少资金和技术，在生产、加工、仓储、营销等方面还存在许多困难。因此，需要国家通过各种政策措施给予扶持，以促进农民专业合作社的健康发展。

1. 支持农民专业合作社的发展是解决“三农”问题的重要途径

通过支持农民专业合作社的发展，架起政府与农民之间的桥梁，实现国家工业反哺农业、城市支持农村方针的落实，引导农民提高农业生产和进入市场的组织化程度，调动广大农民参加合作社的积极性，使农民弱势群体得到国家的高度重视和关注，加速现代化农业发展的步伐。

2. 支持农民专业合作社是农村经营体制创新的需要

农民专业合作社“生产在家、服务在社”的生产经营方式，既坚持了我国农村长期实行的土地家庭承包经营制度，保持了农民财产的独立性，又弥补了承包经营过度分散、难以实现规模效益的缺陷，农民专业合作社是对家庭承包经营制度的补充和完善。

3. 支持农民专业合作社是提高组织化程度的需要

发展现代农业，要广泛应用现代科学技术，使用先进生产工具，实行现代管理，创新经营机制，提高农业生产质量。这就需要提高农业的组织化程度，依靠农民专业合作社实现农业规模化生产、标准化管理、产业化经营。

4. 支持农民专业合作社是建设社会主义新农村的需要

农民专业合作社经常对成员进行培训，提高了农民的综合素质。同时，开展农村社区文化建设活动，丰富了农村文化建设，培养了农民的合作意识，推动了社会进步，创建了农村和谐社会。

5. 支持农民专业合作社是国际上支持农业的一种通用做法

政府对农业进行支持和保护，是国际上较为普遍的做法，通过合作社发展农业、增加

农民收入，是世界各国成功的经验。各国政府以立法手段，明确财政、税收、金融、项目和教育培训等方面的支持政策给合作社以支持。

二、政府扶持农民专业合作社发展的政策措施

党中央、国务院历来高度重视农民专业合作社的发展，支持农民按照自愿、民主的原则，发展农民专业合作社。党的十六大以来，党中央、国务院对农民专业合作社的发展做出了一系列重大决策。近年来，国家连续出台的1号文件都对促进农民专业合作社的发展做出了具体部署，要求中央和地方财政要安排专门资金，支持农民专业合作社开展信息、技术、培训、质量标准与认证、市场营销等服务；对农民专业合作社及其所办加工、流通实体适当减免有关税费；建立有利于农民专业合作社发展的信贷、财税和登记制度。

《农民专业合作社法》专门设立“扶持政策”一章，进一步明确了在农业和农村经济建设的项目扶持、财政扶持、金融支持、税收优惠等方面对农民专业合作社给予扶持。用以支持农民专业合作社增强自我服务功能，支持农民专业合作社开展教育培训活动，支持农民专业合作社开展标准化生产、专业化经营、规范化管理，提高农业组织化程度，促进农村经济的发展。

1. 项目扶持

《农民专业合作社法》第四十九条规定，国家支持发展农业和农村经济的建设项目，可以委托和安排有条件的有关农民专业合作社实施。农民专业合作社作为市场经营主体，由于竞争实力较弱，应当给予产业政策支持，把合作社作为实施国家农业支持保护体系的重要方面。符合条件的农民专业合作社可以按照政府有关部门项目指南的要求，向项目主管部门提出承担项目申请，经项目主管部门批准后实施。

2. 财政扶持

《农民专业合作社法》第五十条规定，中央和地方财政应当分别安排资金，支持农民专业合作社开展信息、培训、农产品质量标准与认证、农业生产基础设施建设、市场营销和技术推广等服务。对民族地区、边远地区和贫困地区的农民专业合作社和生产国家与社会急需的重要农产品的农民专业合作社给予优先扶持。

自2003年起，中央财政每年拿出专项资金，扶持农民专业合作社的发展，支持合作社开展标准化生产、产业化经营、市场化运作、规范化管理，支持开展教育培训活动，以增强农民专业合作社的自我服务功能，提高农民进入市场的组织化程度，发展主导产业和特色产品，提升农产品质量安全水平，推动农民专业合作组织健康发展。

2008年起，农业部和各省（自治区、直辖市）农业部门开始组织开展农民专业合作社示范社建设，每年评选认定一批全国、省级和市（县）级农民专业合作社示范社，并适当给予奖励。

3. 金融支持

《农民专业合作社法》第五十一条规定，国家政策性金融机构和商业性金融机构应当采取多种形式，为农民专业合作社提供金融服务。具体支持政策由国务院规定。

4. 税收优惠

农民专业合作社作为独立的农村生产经营组织，可以享受国家现有的支持农业发展的

税收优惠政策。《农民专业合作社法》第五十二条规定，农民专业合作社享受国家规定的对农业生产、加工、流通、服务和其他涉农经济活动相应的税收优惠。支持农民专业合作社发展的其他税收优惠政策，由国务院规定。

三、政府支持农民专业合作社发展的具体项目

（一）农业部农民专业合作组织示范项目

农业部组织实施的农民专业合作组织示范项目由农业部农村经济体制与经营管理司负责项目指导工作。省级农业行政主管部门负责项目的组织落实，对项目实施进行指导和监督。项目所在县（市）农村经营管理部门负责对项目资金使用进行审计监督。为了做好项目的组织实施工作，农业部印发了《农民专业合作组织示范项目指南》《农民专业合作组织示范项目资金管理暂行办法》，并印发了做好项目指导、检查验收工作的有关文件。各级农业主管部门按照文件要求，组织项目的申报和项目指导、检查验收工作。

1. 农民专业合作社示范项目组织管理

2007 年 7 月 1 日施行《农民专业合作社法》后，本项目的主要扶持对象是农民专业合作社，重点扶持全国优势农产品产区的主导产业和地方特色产品的专业合作社。农产品行业协会、商会和企业不属于本项目的扶持范围。

本项目专项扶持资金采取直接拨付方式，由中央财政直接拨付承担项目的专业合作组织。这种拨款方式改变了以往通过政府部门逐级拨款的方式，使项目资金及时到位用于项目建设，既简便快捷，又防止中央财政支农项目资金在拨款中出现挤占、挪用等问题。

为做好项目组织实施工作，农业部每年组织召开项目工作会议，部署项目工作安排，总结经验，讨论研究工作中存在的问题。同时，组织项目指导人员和承担项目的专业合作社负责人参加培训，提高工作指导水平和专业合作组织经营管理水平。在项目执行过程中，组织专家进行跟踪指导、检查、调研。在年底项目结束时，组织项目验收工作。

知识链接

政府对合作社发展的税收优惠项目

1. 免征增值税　农业生产者销售的自产农业产品免征增值税；部分农业生产资料免征增值税；部分饲料产品免征增值税；提高购进农产品进项税抵扣率。

2. 暂免征收企业所得税　暂免征收企业所得税；国有农口企事业单位暂免征企业所得税；农业产业化国家重点龙头企业暂免征收企业所得税。

3. 免征营业税　从事农业服务业免征营业税；转让土地使用权用于农业生产免征营业税。

2. 项目申报程序及申报条件

每年第三或第四季度，农业部印发下一年度财政项目指南，农业部所有的项目都列入附件，其中包括农民专业合作组织示范项目。项目指南在中国农业信息网公布，项目指南公布项目申报办法及有关要求、项目申报格式和填写要求等。

3. 项目评审程序

按照《农业部农民专业合作组织示范项目评审办法》规定，项目评审坚持公开、公平、公正的原则，对各省申报的项目，经过技术性初审、专家评审、综合平衡等评审程序，实行评审标准统一，客观公正评分，科学合理立项。

4. 项目资金使用范围及管理

《农民专业合作组织示范项目指南》规定，项目资金主要用于扶持农民专业合作组织

知识链接

申请农业部农民专业合作组织示范项目的条件

1. 经县级以上有关部门注册登记满 1 年以上。成员以农民为主体，成员人数 100 人以上。

2. 坚持合作社原则，产权明晰，有规范的章程、完善的管理制度、健全的监督机构；有独立的银行账户，实行独立的会计核算。

3. 服务功能比较齐全，与成员在市场信息、业务培训、技术指导和产品营销等方面具有稳定的服务关系。

4. 符合优势农产品区域布局规划，或具有当地产业特色，能带动当地农业生产发展。在提高农业产业化经营水平、增加农民收入等方面，具有较强的示范作用。

5. 有成员入股的，股权结构相对平均合理。

知识链接

农业部农民专业合作组织示范项目的评审程序

1. 技术性初审 主要是审核每个专业合作组织的申报材料是否齐全，是否符合项目指南要求的申报条件。对于其中的行业协会、商会企业等非农民专业合作组织，不属于本项目扶持对象的范围，以及曾扶持过的项目申报单位，在技术性初审时进行注明，不参加专家评审。

2. 专家评审 组织科研院校的专家召开评审会，专家按照统一的打分标准，对每一个项目申报材料进行审查和评定打分。

3. 综合平衡 根据专家评分值从高到低分省排序，将评审结果汇总。经有关人员讨论，按照地区间相对平衡的原则，每个省（自治区、直辖市）择优确定 2～5 个项目单位。

增强生产能力、开拓市场能力建设。

《农民专业合作组织示范项目资金管理暂行办法》规定，承担项目的农民专业合作组织要严格按照项目内容制订实施方案，经农民专业合作组织成员（代表）大会讨论通过后实施，并将项目资金使用情况向全体成员公布。项目资金纳入专业合作组织财务核算，建立项目资金的明细账目，由监事会监督资金使用情况。

各地项目主管部门负责做好项目资金使用的监管工作，项目实施期间，对照农业部核定的资金使用范围，检查项目资金使用是否符合规定，审批是否符合程序，使用情况是否向成员公开，并及时纠正违规行为。项目结束时，对项目资金进行审计监督，防治项目资金被挤占截留、挪用滥用，确保专款专用，真正足额用到项目建设上，发挥最大的经济效益和社会效益。

5. 项目验收

项目实施完成后，农民专业合作组织负责人要向全体成员报告项目执行情况，并向省级农业行政主管部门提出项目验收申请。省级农业行政主管部门接到验收申请后15日内完成项目验收、总结工作，形成书面材料上报，农业部将适时组织抽查。

农民专业合作组织申请项目验收时，要填写项目总结报告，填写“项目验收情况统计表”和“农民专业合作组织示范项目承担单位统计表”，报送省级业务主管部门。

省级业务主管部门对每个示范项目承担单位逐一检查验收，做到“一审二看三访四查”（即对项目单位实施方案的内容进行逐项审核，查实方案完成情况；看各类档案资料

知识链接

农业部农民专业合作组织示范项目内容

1. 种植业标准化生产基地建设 制定和实施生产标准与技术规程，引进与推广良种良法，兴建温室大棚，改造标准化生产基地内的小、微型水利设施，购置灌溉设备和产品质量安全检验检测仪器等。

2. 畜牧饲养小区建设 兴建饲养圈舍、购置相关设备和环保处理设施等。

3. 渔业标准化养殖基地建设 包括购置相关设备等。

4. 实施品牌战略 进行本组织生产的无公害产品、绿色产品、有机食品、原产地标识等认证。

5. 拓展产品市场 兴办产地批发市场和牲畜交易市场，购置相关设备；在超市租用专门柜台直销本组织产品，或者在城市兴办本组织连销直销网点；举办或参与产品展览展示等市场营销活动。

6. 兴办加工实体 开展农产品初加工，建设仓储、加工等厂房以及购置相关设备等。

7. 农民专业合作组织开展农业保险补助试点

8. 组织经营管理人员和农户成员的培训

9. 信息网络建设

是否齐全、看各项制度是否完善；访问成员对项目实施的意见和要求；查原始凭证，查会计账簿，查支出内容，查实物）。省级业务主管部门撰写省级示范项目总结验收报告，连同项目单位的材料、报表统一报送农业部。

（二）财政部支持农民专业合作组织发展项目

1. 项目申报程序

财政部组织实施的支持农民专业合作组织发展项目，由各省（自治区、直辖市）财政厅（局）组织项目申报，按照财政部农业资金管理和有关文件的要求，各省财政部门在申报数量限额内，组织农业部门和有关专家进行项目评审并排序，按照财政部当年的文件要求报财政部农业司，经审核批准后实施。

2. 项目申报条件

申报农民专业合作组织发展项目应具备以下条件：一是必须具有或稍加推动就能具有符合合作社原则的农民合作社章程；二是运作年限超过2年，有比较健全的服务网络，能有效地为合作社成员提供服务；三是有比较规范的财务管理制度，符合民主管理决策等制度要求；四是有不少于100户合作社成员的规模，同时具有一定的产业基础。

3. 项目组织管理

根据财政部《中央财政农民专业合作组织发展资金管理暂行办法》规定，中央财政农民专业合作组织发展资金的使用，要严格执行《财政农业项目资金管理规则》中的有关规定，实行项目管理、标准文本申报、专家评审、择优安排和监督检查等管理。接受中央财政农民专业合作组织发展资金支持的农民专业合作组织，要向全体合作组织成员公开、公示资金的使用情况。

项目所在地的县级财政部门具体负责中央财政农民专业合作组织发展资金使用的管理，实行严格的现金报账制管理。省级财政部门进行监督检查，对违反国家有关法律、法规和财务规章制度的，按照国家有关规定进行处理。

知识链接

财政部农民专业合作组织发展项目内容

该项目资金支持农民专业合作组织建设与发展，主要用于以下方面：

1. 引进新品种和推广新技术；
2. 提供专业技术、管理知识培训及服务；
3. 组织标准化生产；
4. 农产品初加工、整理、储存和保鲜；
5. 获得认证、品牌培育、市场营销和信息咨询等服务；
6. 推动农民专业合作组织创新发展；
7. 改善服务手段和提高管理水平的其他事项。

项目所在地的县级财政部门及时组织项目检查和工作总结，县级以上地方财政部门对项目进行抽查复验，省级财政部门提出项目验收和总结报告，年终上报财政部。

（三）地方农民专业合作组织项目

地方农民专业合作组织项目由各地农业行政主管部门牵头，协商有关部门，负责组织项目申报和项目实施。目前，绝大部分省（自治区、直辖市）和部分地（市）地方财政都安排专项资金，支持农民专业合作组织的建设与发展。

地方农民专业合作组织项目的申报程序、申报条件和项目组织管理，是根据当地农民专业合作社组织发展的实际情况确定的。农民专业合作组织申请承担项目，应与当地农业行政主管部门联系，咨询项目申报有关事项，按照有关要求填写项目申报书。

能力转化

◆记一记

1. 政府对合作社的支持项目有哪些？
2. 想要获得项目支持需要哪些步骤？
3. 获取支持项目的申请程序有哪些？

◆议一议

1. 目前我国农民专业合作社在规范运行方面存在哪些问题？
2. 怎样明确农民专业合作社规范运行的职责？

◆想一想

示范社的标准是什么？

◆做一做

拟写一份市级示范社申报材料。

单元九

农民专业合作社信息化建设

项目一　认识农民专业合作社信息化

项目二　农民专业合作社信息化建设

【学习目标】

1. 了解农民专业合作社信息化建设的内涵。
2. 掌握农民专业合作社信息化建设的方法和路径。
3. 了解信息化安全的主要内容。

案例导入

北镇生旺蔬菜专业合作社经过几年的发展，逐渐由几个人的小合作社发展成为一个拥有 5 个分社，生产种类包括水果和蔬菜的大合作社，社员已经近千人了。规模越来越大，管理手段也在逐渐进步。这不，理事长郭生旺正在与一家软件公司洽谈有关搭建合作社信息化综合管理平台的项目呢。

老郭说："我们想通过网络实现对社员资料的动态管理，最好是能够给合作社的每一名社员都建立一个账户。能够使社员无论在哪里都能实时掌握家中的生产经营情况和账户结算情况。实现这种功能，你们能给我提供个方案吗?"

软件公司的刘经理听了老郭的话，没有直接给出一个肯定的答案。而是告诉老郭，他们需要派程序设计工程师深入地与老郭他们一起工作几天。几天后，刘经理的工程师根据老郭他们的日常工作流程及对老郭等理事们的需求了解，提交了一份项目建设书，请老郭组织相关人员进行讨论。

◆ 案例分析

农民专业合作社在进行信处化建设前，首先应该明确自己进行信息化建设的目的，即要做需求分析。需求分析是进行信息化建设成败的关键，是控制工程预算的基础。农民专业合作社信息化建设可以有多个建设路径，从实行方向上看既可针对生产环境实行信息化，又可针对合作社工作流程实行信息化；从资金投入上看既可侧重硬件投入，又可侧重软件投入。做好需求分析，明确项目关键人的需求是最为重要的。在农民专业合作社信息化建设过程中，项目关键人主要指的是理事长、理事会成员、社员等。本案例中软件公司的刘经理没有立刻答复老郭，而是派工程师深入了解后才提交项目建设书，既是对客户的重视，又保证了项目实现的安全。

项目一　认识农民专业合作社信息化

一、信息化和农业信息化

（一）信息化

拓展阅读

扎实推进信息化与农业现代化融合

2013 年 6 月 18 日，全国农业信息化工作会议在江苏宜兴举行。会议系统总结了近年来农业信息化工作取得的成效和经验，深入分析了面临的形势与任务，全面部署了当前和今后一个时期的重点工作。农业部副部长陈晓华强调，各级农业部门要紧紧围绕“两个千方百计，两个努力确保，两个持续提高”目标，坚持“政府引导、需求拉动、突出重点、统筹协同”原则，力争实现农业生产智能化、经营网络化、行政管理高效透明、信息服务灵活便捷，加快促进信息化与农业现代化的融合。

会议指出，近年来，农业信息化成效明显。基础设施不断夯实，信息资源日渐丰富，服务体系不断完善，信息技术在农业产业发展中的应用日渐深入。实践证明，农业信息化是破解“三农”工作难题的有效途径，是缩小城乡差距的现实选择。在“四化同步”发展的大背景下，农业信息化发展环境更加优化，需求更加迫切，农业信息化迎来了难得的发展机遇。

会议要求，各级农业部门要提高认识，强化组织领导与顶层设计；加强示范，探索发展路径与应用模式；协同创新，促进产学研用联合攻关与人才队伍建设；谋划项目，争取财政支持与多元化投入；注重实效，加快标准建设与安全防护。重点抓好以下五方面工作：一是强化信息技术在农业生产领域的集成应用，以信息化促进农业产业升级，确保农产品有效供给。二是加快信息技术在政务管理领域的应用，推动“三农”管理方式创新，切实提高农业行政管理水平。三是推动信息技术在农业经营领域的创新，提高经营主体自身信息化水平，着力提升农业经营网络化水平。四是完善农业综合信息服务体系，拓宽信息服务领域，为农民提供灵活便捷的信息服务。五是加强农业信息化基础设施建设，加快农业基础设施、装备与信息技术的全面融合。

（资料来源：吴文博，《农民日报》，2013－06－20）

信息化是“新四化”的重要组成部分。信息化代表了一种信息技术被高度应用，信息资源被高度共享，从而使得人的智能潜力以及社会物质资源潜力被充分发挥，个人行为、组织决策和社会运行趋于合理化的理想状态。同时信息化也是 IT 产业发展与 IT 在社会经济各部门扩散的基础之上，不断运用 IT 改造传统的经济、社会结构从而通往如前所述的理想状态的一段持续的过程。

（二）农业信息化

农业信息化是现代农业建设的重要内容，是农业现代化与信息化的深度融合。现代农业是应用现代农业科学技术和现代技术装备、实行现代经营管理方式的农业。在农业现代化发展的过程中，不断与信息化进行着深度融合，这主要体现在信息技术基础、生产经营管理、宏观决策监管、社会公众服务四个层面上。

（三）农业信息化的主要内容

2010 年 4 月 1 日，工业和信息化部、农业部、科学技术部、商务部、文化部联合印发了《农业农村信息化行动计划（2010—2012 年）》（以下简称《计划》）。《计划》明确了农业信息化的主要内容，包括农村信息基础设施的提升、农业农村综合信息资源整合集成、基层电子政务进村、现代农业信息科技服务、电子商务拓展、新型农民培训等方面。目前，各省农业信息化发展计划也是据此基础上做出的补充和延伸。农民专业合作社信息化建设是农业信息建设的重要内容，也是农业现代化与信息化深度融合的重要载体。

二、农民专业合作社信息化

农民专业合作社信息化是指在农民专业合作社的组织管理、农产品生产、市场销售等环节中应用信息化技术手段，提升农民专业合作社生产、管理、农产品销售的现代化水平，进而促进农民专业合作社提高效率、增加收益的过程。农民专业合作社进行信息化建设，可以使合作社的农产品生产更加科学，合作社的产供销管理更加精细，合作社的产品结构更加合理，同时也可使生产过程更加透明，通过数字标签为农产品订立身份证，使建立农产品质量回溯制度成为可能。

农民专业合作社信息化发展不是投入一次就能够完全实现的，这需要一个过程。在这

知识链接

农民专业合作社信息化的目标

当前和今后一个时期，合作社信息化建设的总体目标是：紧扣建设现代农业，转变农业农村经济发展方式的重大任务，以科学发展观为指导，以现实需求为导向，以信息化促进规范化，努力实现信息技术在合作社生产、经营、管理的主要领域和主要环节得到充分有效应用，产业链协同能力显著增强，合作社市场竞争能力显著提升，使农民专业合作社尽快成为引领农民参与国内外市场竞争的现代农业经营组织。

个发展过程中，首先要坚持从实际出发、因地制宜的原则，才能充分发挥和利用好信息技术的功能作用。如可以通过建立网店的形式，开展电子商务；可以给农产品贴码，实现数字化运营；可以通过智能大棚的建设，提升管理手段的科学性等。

三、农民专业合作社信息化安全

农民专业合作社进行信息化建设时要注意信息化安全，只有这样，才能促进整体信息化环境的安全。

（一）信息化设备采购安全

农业是国家经济的基础，信息化设备的采购是农业现代化与信息化深度融合的基础，这关系整个系统的安全。信息化设备的安全是第一位的，这不仅关系农民专业合作社信息

知识链接

农业农村信息化行动计划（2010—2012年）摘要

一、加快农业农村信息化发展的紧迫性和重要性

农业农村信息化是加快推进社会主义新农村建设、全面建设小康社会的重要内容。

农业农村信息化是改造传统农业、促进现代农业发展的客观需要。

农业农村信息化是实现以工促农、以城带乡，缩小城乡数字鸿沟、形成城乡经济社会发展一体化新格局的现实选择。

农业农村信息化是加快培养新型农民、切实提高国民信息素质的迫切要求。

二、主要行动计划

（一）农村信息基础设施提升计划

实施农村宽带普及工程，推进农村三网融合试点和农村信息化示范，实施农村综合信息服务站普及工程。

（二）信息资源整合集成计划

建设国家级农业农村综合信息资源和服务平台，建设专业性信息资源和服务平台，重点建设省级农业农村综合信息资源和服务平台。

（三）基层电子政务进村计划

推动电子政务向乡村延伸，完善农村社会事业信息服务体系。

（四）现代农业信息科技计划

完善农业生产和市场监管信息服务体系，用现代信息技术改造传统农业。

（五）电子商务拓展计划

实施农业电子商务工程，实施农村休闲农业电子商务工程。

（六）新型农民培训计划

农村实用人才培训工程，农民信息能力提升工程，加强面向农民工的信息服务。

化建设的成败，还涉及国家信息化安全的层面。为什么这样说呢？因为，任何一个系统都不是孤立的，在当今这个大融合的信息化环境中，任何一个信息点的不安全都会给整个信息化环境带来毁灭性的打击。农民专业合作社所建的信息化设施或多或少都会与互联网相通。不安全的信息化设备容易给敌对势力或一些不经允许的操作行为提供机会。如 2013 年曝光的美国国家安全局和联邦调查局于 2007 年启动的一个代号为“棱镜”的秘密监控项目，就是通过直接进入网络中的中心服务器进行数据挖掘来收集情报的，这就是不安全的信息化设备所造成的严重后果。

防范这类问题，要从小处抓起，要从源头就给予重视。信息化安全也是农民专业合作社信息化建设的重要组成部分。农民专业合作社进行信息化设备采购要严格遵循以下六条原则：一是要采购国家自主品牌设备，最好核心技术也有本国自主知识产权的品牌；二是设备的接口要符合国家标准，为未来系统升级扩展留出空间，保证安全；三是对于重要设备的采购最好能够进行冗余备份采购，即采购两台以上，以便在运行过程中可对系统进行冗余备份；四是所采购的设备若对电压敏感，可将 UPS 的采购纳入采购范围，以策用电安全；五是对接入式信息化设备应能够确保身份可辨别性及行为的可记录性；六是采购设备应注意就近选择售后服务单位，确保服务安全。

（二）信息化平台系统安全

农民专业合作社信息化建设，数据是成败的基础，对于数据安全要给予足够的重视。对于数据量不断增加的服务器端系统平台数据库，应确保多个备份，可随时恢复系统。数据是资产，对农民专业合作社过往大量数据的分析，会得出有利农民专业合作社发展的规律。平台是用来承载数据的，因此，关注信息化平台系统安全，就是在关注数据安全。农民专业合作社在进行信息化平台运行和管理的过程中，要做到：一是运行信息化系统的服务器一定要选择大品牌服务器提供商；二是要及时为系统打上补丁；三是做好服务器端的杀毒和防木马工作；四是系统平台的后台管理密码应定期更换，并保证私密性，不外传；五是注意信息化平台系统整体的接入安全，主要包括 U 盘、CD、移动硬盘等外部储存介质的接入。

知识链接

农民专业合作社计算机设备安全管理制度

1. 计算机使用者要保持清洁、安全、良好的计算机设备工作环境，禁止在计算机应用环境中放置易燃、易爆、强腐蚀、强磁性等有害计算机设备安全的物品。

2. 非本单位技术人员对合作社的设备、系统等进行维修、维护时，必须由合作社专职技术人员现场全程监督。计算机设备送外维修，须经理事长批准。

3. 严格遵守计算机设备使用、开机、关机等安全操作规程和正确的使用方法。

4. 任何人不允许带电插拔计算机外部设备接口，计算机出现故障时应及时向社长报告，不允许私自处理或找非本社技术人员进行维修及操作。

知识链接

信息化安全的背景

在2014年2月27日，习近平主持召开中央网络安全和信息化领导小组第一次会议，强调关于网络安全时，他说：

“网络安全和信息化是事关国家安全和国家发展、事关广大人民群众工作生活的重大战略问题，要从国际国内大势出发，总体布局，统筹各方，创新发展，努力把我国建设成为网络强国。”

“网络安全和信息化对一个国家很多领域都是牵一发而动全身的，要认清我们面临的形势和任务，充分认识做好工作的重要性和紧迫性，因势而谋，应势而动，顺势而为。网络安全和信息化是一体之两翼、驱动之双轮，必须统一谋划、统一部署、统一推进、统一实施。”

“没有网络安全就没有国家安全，没有信息化就没有现代化。”

“建设网络强国的战略部署要与‘两个一百年’奋斗目标同步推进，向着网络基础设施基本普及、自主创新能力显著增强、信息经济全面发展、网络安全保障有力的目标不断前进。”

（三）信息化安全管理制度

农民专业合作社既然投入资金进行信息化建设，就一定要建立起一套行之有效的安全管理制度。用制度规范使用者，并促使其提升信息化安全素养。

（四）信息化从业人员安全教育

加强信息化从业人员安全教育和培训。尤其是在种养殖、运输、销售的过程中，强化从业人员的信息安全意识是非常必要的。强调进行安全的信息化操作程序，牢固地树立信息安全保密思想，有利于提升数据信息的可信程度，利于大数据分析。加强从业人员自身安全教育，保证从业人员生产安全。

能力转化

◆记一记

1. 什么是农民专业合作社信息化？
2. 信息化安全有几方面？

◆议一议

1. 若你是一家农民专业合作社的理事长，你怎么进行合作社的信息化建设？
2. 描述自己家乡有关“三农”方面的一种信息化设施或网站。
3. 描述自己所熟悉的一家农民专业合作社的信息化环境。

4. 农民专业合作社信息化建设从哪些方面入手更安全?

◆想一想

1. 决定农民专业合作社信息化建设成败的关键是什么?

2. 农民专业合作社信息化从业人员为什么要牢固树立信息安全意识?

◆做一做

1. 根据《农民专业合作社调查问卷》(附录 3) 的内容对一家农民专业合作社信息化现状进行问卷调查。

2. 用语言、图片等描述你所了解的信息化设施设备,并挑选一种熟悉的设施或设备讲解其在农业生产过程中的使用方法和作用。

项目二　农民专业合作社信息化建设

一、农民专业合作社信息化建设原则

（一）效益优先原则

目前，大多数农民专业合作社的产品单一，如何追求农产品效益的最大化是理事长们首先要考虑的问题。农民专业合作社进行信息化建设，理事长考虑的首要问题，必然是“信息化建设能为合作社带来多大的效益？它有什么好处？”然后才会是“怎么进行建设？投入多少资金合适？”农民专业合作社作为信息化建设实施的主体，选择哪种方式进行信息化建设，必然要以项目建设后能带来多大效益作为进行信息化建设的基本出发点。

（二）目标优先原则

农民专业合作社进行信息化建设，在进行项目建设前一定要做好需求分析，需求分析中所涉列的项目关键人要有一个顺序。项目关键人的顺序体现了建设目标的顺序，即目标的优先级。谁的需求是主要需求，是在信息化建设过程中重点完成的目标；谁的需求是下一步发展的需求，要在信息化建设过程中留有一定的扩展余地；谁的需求可在不影响主要需求完成的基础上，适当给予关注。

（三）平衡原则

农民专业合作社进行信息化建设不能一味地进行资金投入，更应注重这种资金投入能够带来多少赢利，这就是发展上的平衡。在信息化建设的初始阶段，农民专业合作社要用有限的资金完成主要功能的搭建，在信息化系统提供的功能与用户使用体验之间达到平衡，即达到信息化建设的目的。一个反面的例子就是铁道部网络售票系统在其初始时，因信息化项目设计上的缺陷，导致终端与核心处理能力的不平衡，致使信息系统常常不能正常的提供服务。

（四）借力原则

农民专业合作社在信息化建设上要善于借力。借成员之力，借同行之力，借政府之力，借一切可借之力为自己的信息化建设服务。这有资金上的借力，也有技术上的借力，还有政策上的借力。正如国家支持农民组织专业合作社一样，借国家的政策、资金之力，提高合作社的信息化程度。

（五）专一原则

农民专业合作社不仅要懂农民，还要了解市场。应通过专做某一方向的信息化，如专做农产品电子商务，做出规模，创出品牌，从而能在一地一区占据主导位置，并产生可观的效益。一个农民专业合作社的网站上如果充斥着大量的与其主营农产品无关的信息，既分散了访问者的注意力，又在无形中降低了该网站的效能。若专一程度强，则会提高访问者对信息的信任，更专业的网站会带来更丰厚的回报。

二、农民专业合作社信息化发展方向

信息化建设的最主要目的是方便管理，这一点在农民专业合作社信息化建设上也得到了集中的体现。农民专业合作社进行信息化建设表现在生产上会进一步提高生产率，提升农产品附加值；表现在财务管理上会使账目更明晰，更符合农民专业合作社特殊的财务制度；表现在农产品销售上有助于创新农产品销售形式，提升品牌影响力。

（一）农民专业合作社生产信息化

农民专业合作社生产信息化，就是对农民专业合作社的生产设施、自然环境、生产手段与信息化手段进行融合。比较典型的建设实例有智能大棚、大田遥感生产、水产环境监测等。

1. 智能大棚

智能大棚又称自动化温室，主要设施设备是由计算机控制的可移动天窗、遮阳系统、保温系统、升温系统、湿窗帘/风扇降温系统、喷滴灌系统或滴灌系统、移动苗床等自动化设施构成，是发展设施农业的农民专业合作社进行信息化建设时可以考虑的一个不错的选择。智能大棚信息化系统一般是由信号采集系统、中心计算机、控制系统三大部分组成。

拓展阅读

科技引领绿色未来——第十三届中国（寿光）国际蔬菜科技博览会开幕

本届菜博会以“绿色、科技、未来”为主题，科技含量高是本届最大的亮点。

菜博会 7 号展厅有个未来馆，馆内采用世界最新高科技研发智能系统，利用计算机远程系统设置好适合作物生长所需要的温度、光照、水分、湿度、PH 等标准信息。由菜博会组委会和几个科研院所一起联合研发的智能化机器人负责对馆内蔬菜进行日常管理、环境监测和采摘。智能化蔬菜管理机器人通过太阳能光伏板提供能源，无线传输、自动导航，对蔬菜生长的环境状况进行监控。环境监测机器人可以利用无线传输系统监测温室内蔬菜生长环境所需的温度、湿度和光照，对蔬菜生长进行病害防治与管理。智能化采摘机器人则能完成采摘、投放和收集运输任务。

（资料来源：摘自 2013 年 6 月《山东画报》，http：//www. sdhbs. com. cn/）

智能大棚根据建设内容不同，造价也不同。按主要材质可分为薄膜连栋温室、玻璃连栋温室、阳光板连栋温室等。农民专业合作社的决策者可以通过货比三家、实地考察等方式进行智能大棚的选型。

比较人工的控制来说，智能控制最大的好处就是能够相对恒定地控制大棚内部的环境，对于环境要求比较高的植物，更能避免人为因素造成的生产损失。

智能温室能通过及时的检测和监控，适时地对温室中的各项数据指标进行调整和控制，对于农业生产来说，是一个非常有利的举措。

智能大棚逻辑结构见图 9-1。

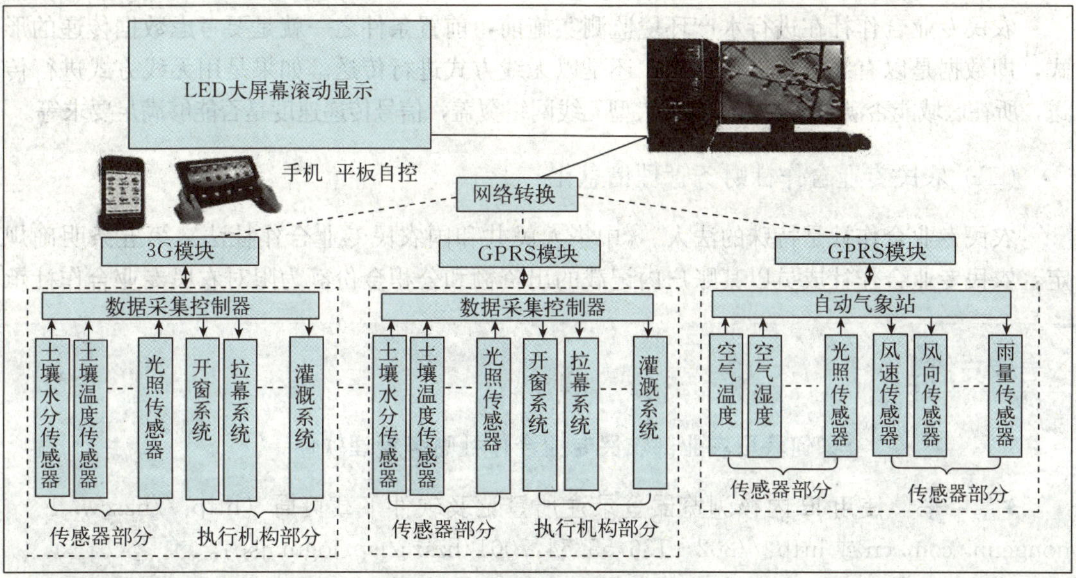

图 9-1　智能大棚逻辑结构

2. 大田遥感生产

遥感技术和计算机技术结合应用可以使农业生产进入到定量化、精准化的新阶段。遥感技术在我国农业上主要应用在农用地资源的监测与保护、农作物大面积估产与长势监测、农业气象灾害监测和作物模拟模型等几方面。

这种信息化建设发展方向比较适合经过土地流转后拥有成片大量农用土地的农民专业合作社，其带来的好处是便于农民专业合作社对土地资源情况、生产情况的掌握，利于发展现代农业。

遥感信息化系统主要由遥感平台、传感器、信息传输装置、数字或图像处理设备以及相关技术组成。大田遥感平台一般采用地面平台，航空平台也会有较少的应用。

有条件的农民专业合作社可以先从简单的对大田土壤、空气等环境监测开始做起，即利用太阳能供电，结合监控、测量设备对生产环境进行实时监测。

3. 水产环境监测

水产环境监测实际上是遥感信息技术与水产品生产的深度融合。通过监控设备把水产品生产周边环境情况传送到主处理计算机后，再经汇总、对比得到直观报告来指导水产品生产。

经营主业以发展农家渔庄、养鱼等为主要内容的农民专业合作社在进行信息化建设的时候可以考虑以水产环境监测为主要内容的信息化建设方向。

水产环境监测按监测方向大致可分为两块，一是水面监测，一是水质监测。其中，水面监测以监控探头为主，主要防范大型灾害、人为干扰等；水质监测以对水产品生长环境指标进行实时采集为主，主要防范水温骤冷或骤热、监测水体清洁程度等。

农民专业合作社在进行水产环境监测实施前，前置条件之一就是要考虑数据传递的形式，即数据是以有线方式进行传送，还是以无线方式进行传送。如果是用无线方式进行传送，所在区域能否满足需要，即有无大型无线网络覆盖，信号传递速度是否能够满足要求等。

（二）农民专业合作社财务管理信息化

农民专业合作社是特殊的法人。《中华人民共和国农民专业合作社法》第五条明确规定：农民专业合作社成员以其账户内记载的出资额和公积金份额为限对农民专业合作社承

专家支招

如何获取农业部农民专业合作社财务管理软件

● **第一步** 使用IE内核浏览器登录注册登记及软件下载页面（http://hzscw.nongcun.com.cn或http://202-136.55.54:7001/hzszc/jsp/login.jsp）。

● **第二步** 新用户注册。只有在网上注册登记后，方可进行合作社财务软件的下载。

1. 点击“新用户注册”后，按要求填入合作社的信息，是带“*”选项务必真实填写。

2. 点击“获取合作社软件注册号”按钮，系统将自动生成合作社软件注册号。您需要将合作社软件注册号栏中的信息选中复制下来，在软件下载安装时，需要将此注册码信息粘贴到软件安装画面中的“软件注册号”栏中，方可实现合作社财务软件的顺利安装应用。

● **第三步** 下载软件及说明书。

点击“农业部农民专业合作社财务管理软件应用程序　下载”“农业部农民专业合作社财务管理软件操作手册　下载”，分别可以下载软件和操作手册。

● **第四步** 安装软件，详见说明书。

● **第五步** 用户登录密码初始默认为“sun”，可自行更改。

● **注意事项** 农业部农民专业合作社财务软件的获取必需先进行网上注册登记后，方可进行下载安装。如果您网上注册登记信息不正确或应用他人注册下载的软件进行安装，您将无法获得合法的财务软件注册号码！

担责任。这在根本上决定了农民专业合作社财务管理的特殊性。农民专业合作社财务管理软件应符合农民专业合作社财务需求。

农民专业合作社在对财务管理进行信息化建设时，可以考虑使用由农业部农村经济体制与经营管理司、农业部农村合作经济经营管理总站监制的“农业部农民专业合作社财务管理系统”，这款财务管理软件是供农民专业合作社免费使用的。

（三）农民专业合作社销售信息化

销售是农民专业合作社发展的生命线。农民专业合作社在销售环节发展信息化建设可以从网店、农产品数字化标签、农产品市场信息平台等方面入手。

1. 网店

网店是农民专业合作社进行电子商务的一种形式，通过在互联网上开设特色农产品网络营销店对农民专业合作社的产品进行销售。它主要依靠网络，从目前发展来看，如果结合农产品直销实体店一起做，效果会更好。

网店的开设形式多样，可以由一家农民专业合作社开设，专卖本合作社的农产品，即“一社一店”；也可以由几家合作社共同出资合办一家网店，以网络销售联合社的形式，对联合社范围内的农产品进行销售，集合多家合作社的农产品，统一品牌，统一营销，即“多社一店”。

农民专业合作社进行网店建设技术门槛较低，只要法人证书及相关法定文件（包括农民专业合作社资质证明、税务证明、营业手续）等，通过选择合适的电子商务平台进行注册后，按照信息平台要求，录入农产品品目，产品上架后就可开店营业了。

怎样选择合适的电子商务平台？开网店，不仅农产品本身的品质要过硬，还要有网络美誉度。初次涉猎网店，应选择诸如淘宝等大品牌电子商务平台。

网店的日常维护是24小时的，需要的硬件主要是一台能上网的计算机和一条宽带。

2. 农产品数字标签

在农产品的销售过程中，引入物联网技术，也是农民专业合作社信息化建设的一个新趋势。首先把农产品生产全过程进行数字化，为每一个农产品都打上数字标签，然后把所有物品通过信息传感设备，利用互联网相互连接起来，通过统一的数据处理中心对所有物品进行识别和管理，这使得农产品回溯成为可能。这个环境主要包括互联网接入商、手持设备、数据采集设备、数据处理中心等。

图9-2、图9-3是吉林省格润物联科技有限公司的物联网种养殖流程。

面向农民专业合作社构建符合其自身发展特点的产供销一体化物流管理系统，将信息技术应用到合作社的生产管理上，并使之能够沿着产业发展的链条将信息化的触角深入到物流配送、市场销售等环节，通过建立农产品从农业生产—物流配送—市场销售环节的数据信息平台化，实现农产品的产供销全程信息化管理，与合作社的农业产业化经营完全契合，促进其生产、流通、加工及销售环节高效、透明地展现出来，能够达到解决合作社产业发展中生产与市场信息“最后一公里”脱节的问题。

该系统作用范围涵盖了农民专业合作社生产售卖的前、中、后各个阶段，其核心是通过给农产品打上数字标签，借助网络平台，既可以使管理者监控从生产到市场销售的每一个环节，还可以形成数字档案方便终端用户进行农产品回溯查询。

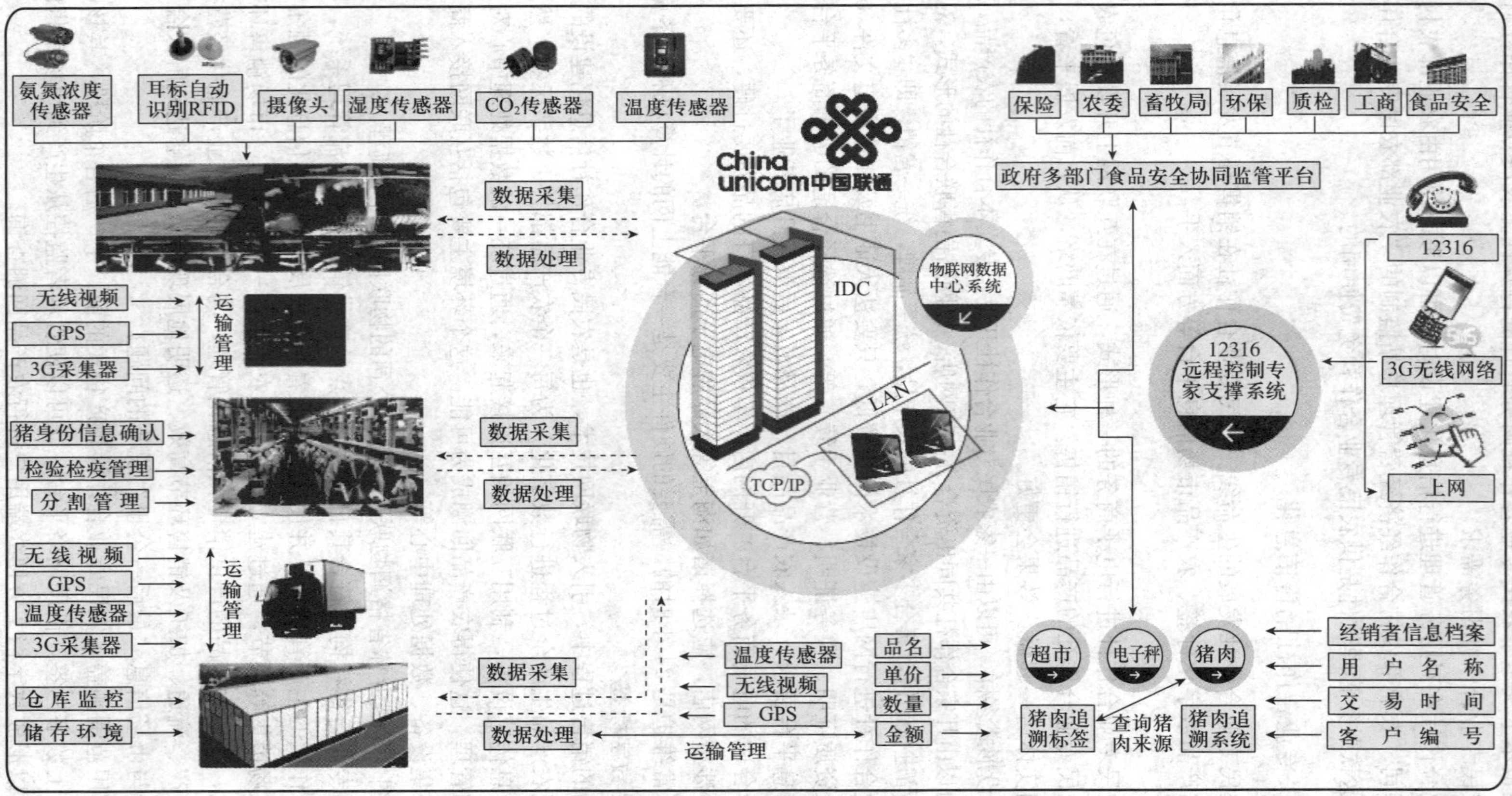

图9-2　物联网养殖流程
（吉林省格润物联科技有限公司）

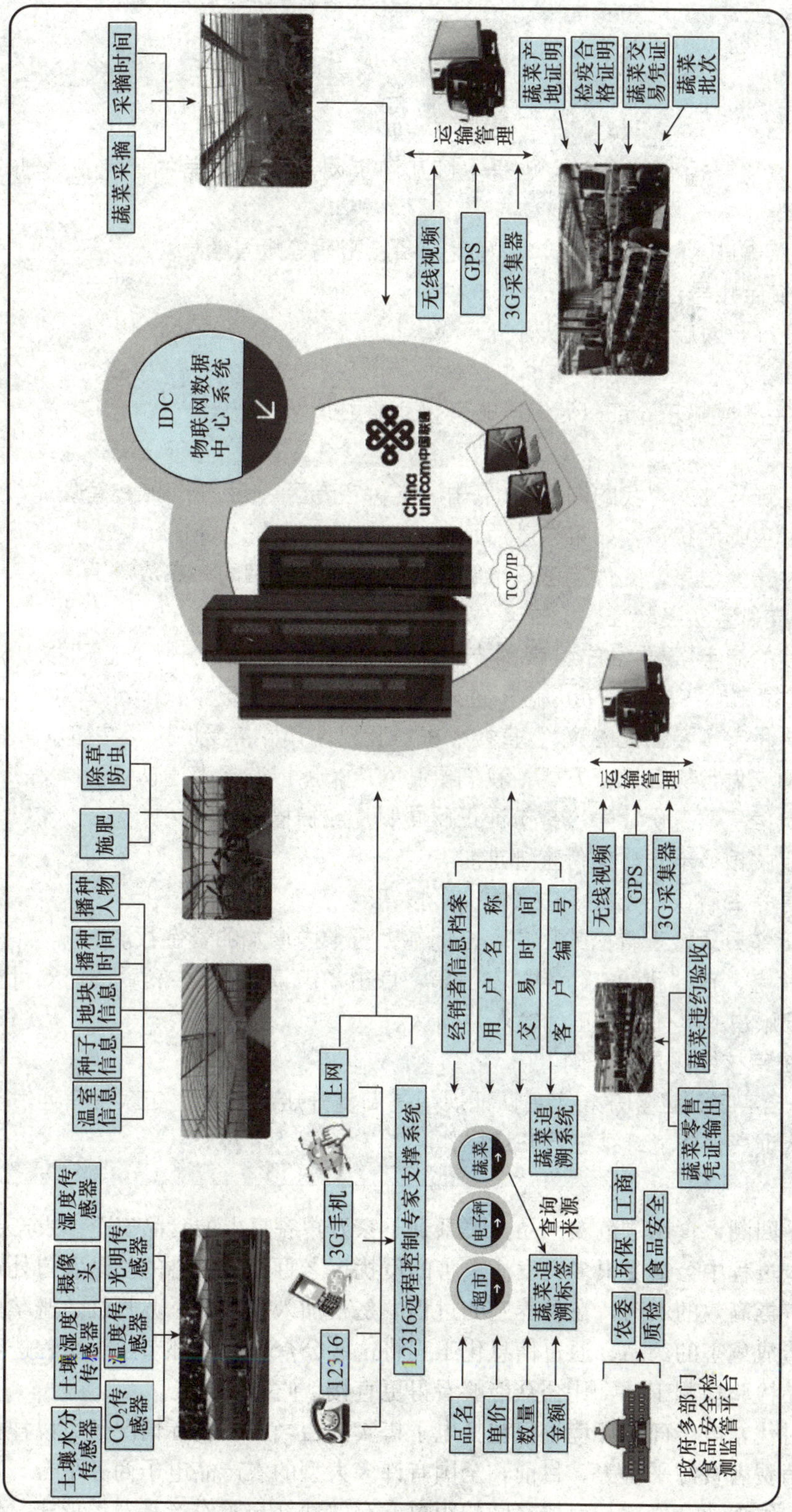

图9-3　物联网种植流程
（吉林省格润物联科技有限公司）

专家提示

淘宝开店流程

● **第一步** 你需要拥有一个淘宝账号。打开淘宝网点击右上角的“免费注册”，注册一个淘宝账号。

● **第二步** 点击进入注册页面后，填写用户名、密码等账号信息。

● **第三步** 淘宝账号注册激活。

1. 手机验证（开网店建议手机认证）。

2. 邮箱验证。

● **第四步** 手机或邮箱验证以后淘宝账号就注册成功了。

● **第五步** 支付宝激活。

1. 登录淘宝账号进入“我的淘宝”，点击“支付宝专区”，点击“账户管理”。

2. 查看支付宝绑定状态，如果未激活则点击激活。

3. 填写支付安全信息，支付宝密码不能与淘宝账号密码相同，完成激活。

● **第六步** 支付宝实名验证

1. 点击“我的淘宝”，再点击“我的支付宝”；如果是第一次开店，也可以从淘宝首页顶部“卖家中心”的“免费开店”进入，找到认证的链接。

2. 阅读“支付宝实名认证协议”，直接点击“我已阅读并接受协议”按钮。

3. 选择两种支付宝实名认证方式，我们要开网店，所以选择普通认证。

4. 填写身份信息，身份证号、身份证正反面照片或扫描件。

5. 将你常用的银行卡号与支付宝绑定。

6. 检查信息是否有误，无误点击“提交”按钮。

7. 1～2 个工作日后，查看您的账户，查询你银行卡内增加的资金数。

8. 登录支付宝，在“我的支付宝”右上角，点击“申请认证”。然后，把支付宝公司汇入你银行账户的具体金额正确输入并确认。

9. 等待系统审核金额是否正确。

10. 进行开店实名认证。开店实名认证规则是淘宝开店新加的，店家只有通过支付宝个人实名认证后，才能继续进行开店操作。

关注农产品回溯，食用绿色农产品，关系到千家万户餐桌上的食品安全。农产品是特殊的产品，生产过程中会遭受很多突发病虫害的侵扰，老百姓最关心的就是农户处理灾害时是否采用了有毒高效的农药，在种养殖的过程中是否加入瘦肉精、苏丹红、避孕药等对人的生命安全造成危害的药品。通过信息化工程将这些公众关心的环节给予全程透明的展示，结合农产品检验检测工具，让公众能够看得更直接，吃得更放心。

在大数据时代，电子商务环境不仅包括电子售卖平台，根据实际情况还可以挂接农产品溯源平台、消费者资源平台等。目前，全国有许多大型的农产品电子商务平台，这些网络平台拉近了农民专业合作社与市场之间的距离，有效地补充了农产品营销形式，使消费者既吃到了新鲜的蔬菜，又减少了消费，经济又实惠。

图 9-4 是某农产品生产溯源信息平台的结构图。

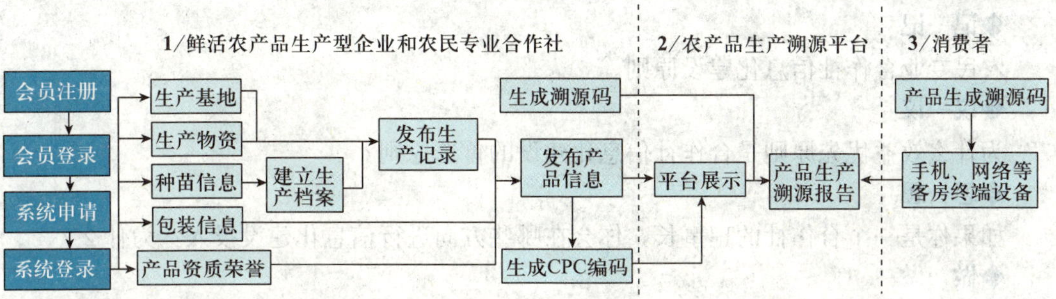

图 9-4　某农产品生产溯源信息平台结构

3. 农产品市场信息平台

农民专业合作社的发展正在向联合社、联合体趋势迈进。这一点，在某些设施农业集中的地区尤为明显。在很多设施农业相对集中的区域，出现了联合社、超级社，并以此为基础形成农产品区域流通中心。针对这样的联合社、超级社，在进行信息化建设时就要考虑从提高信息化管理水平、加强市场信息管理方面入手，依托农产品原产地市场实体，建设面向农户、商户、管理者等跨层次的信息服务平台。

农民专业合作社进行农产品市场信息化平台建设，主要目的有：一是对农产品的种类、产量、出货量、出货时间、出货价格进行数据收集，经过一段时间的数据累积后，形成统计报表，指导当地农产品生产。二是按农户进行统计，方便管理和利润计算，有利于合作社内部的利益再分配。三是形成品牌，提高当地农产品整体知名度和市场美誉度，缩短流通时间，方便商户进货。四是在一定范围内，指导农产品售价，影响市场价格走向。

发展农产品市场信息化平台需要着重注意三个问题：一是平台功能模块要按照用户种类进行划分。若信息平台的建设主体是农民专业合作社，则应按社员、市场商户、农产品进货商、管理团队等进行功能划分。二是信息平台要具有统计功能。三是信息发布的形式应多样化，可以是市场中的大屏幕、纸质的市场快讯、手机中的 APP 应用等。

能力转化

◆记一记

农民专业合作社信息化建设原则。

◆议一议

为什么效益优先原则是合作社信息化建设的首选原则？

◆想一想

如果你是一个合作社的理事长，你会在哪些方向进行信息化建设投入？为什么？

◆做一做

1. 根据《农民专业合作社调查问卷》（附录3）的内容，对自己所熟悉的农民专业合作社做一份信息化需求分析调研问卷。

2. 对问卷进行分析，并结合实际情况撰写出一份信息化建设方案。

3. 头脑风暴：集体讨论上题中方案的可行性，分析利与弊。

4. 尝试给自己所熟悉的一家农民专业合作社写一份网络整体推介方案（要求写明合作社的信息化现状并给出整体解决方案）。

主要参考文献

白立忱．2006. 外国农业合作社［M］. 北京：中国社会出版社．

陈骥．2010. 解析食品流通许可［M］. 北京：中国物资出版社．

丁志宏．2010. 国外农民的职业培训［M］. 北京：中国社会出版社．

韩志辉．2012. 狂吃十万亿——中国农产品食品高附加值成长模式［M］. 北京：机械工业出版社．

何忠伟，曹暕．2012. 我国农业补贴政策速查手册［M］. 北京：金盾出版社．

胡卓红．2009. 农民专业合作社发展实证研究［M］. 杭州：浙江大学出版社

黄彬红．2013. 农超对接模式和实践探索［M］. 杭州：浙江大学出版社．

孔祥智．2012. 国外农业合作社研究［M］. 北京：中国农业出版社．

兰洪杰，李援朝．2012. 北京市冷链物流报告［M］. 北京：中国财富出版社．

李春生．2009. 国际合作社联盟［M］. 北京：中国社会出版社．

李伟．2012. 中国特色农业现代化道路研究［M］. 北京：中国发展出版社．

刘北林，曲志华．2012. 食品保鲜技术［M］. 北京：中国物资出版社．

牟锦毅．2012. 农民专业合作社组织建设与经营管理［M］. 成都：电子科技大学出版社．

唐宗焜．2012. 合作社真谛［M］. 北京：知识产权出版社．

王甲午，曹国良．2013. 农民专业合作社培训读本［M］. 沈阳：辽宁科学技术出版社．

王克强．2009. 市场营销［M］. 北京：中国农业出版社．

臧云鹏．2013. 中国农业真相［M］. 北京：北京大学出版社．

张广花．2013. 合作社经营实务［M］. 杭州：浙江工商大学出版社．

张敏．2009. 农产品物流与运营实务［M］. 北京：中国物资出版社．

赵慧峰．2012. 农民资金互助合作社发展现状及运行机制研究［M］. 北京：中国农业出版社．

附录

附录1　辽宁鸿远南果梨种植专业合作社章程
附录2　农民专业合作社调查问卷
附录3　农民专业合作社信息化情况调查问卷

农村经济

附录 1

辽宁鸿远南果梨种植专业合作社章程

第一章　总　　则

第一条　为规范本组织活动行为，保护成员的合法权益，增加成员收入，促进本组织发展，依照《中华人民共和国农民专业合作社法》和有关法律法规政策，制定本章程。

第二条　本社由李景余、李文义、王影、王佐红、周礼良 5 人发起，于 2007 年 11 月 15 日召开设立大会。2013 年 7 月 10 日召开成员代表大会。

本社名称：辽宁鸿远南果梨种植专业合作社，成员出资总额 100 万元整。

本社法定代表人：李景余

经营期限：长期

本社住所：海城市王石镇王石居委会，邮政编码：114203

第三条　本社按照"民办、民管、民受益"的原则，以服务成员、谋求全体成员的共同利益为宗旨。成员入社自愿，退社自由，地位平等，实行自主经营，民主管理，自负盈亏，利益共享，风险共担，盈余主要按照成员与本社的交易量（额）比例返还。

第四条　本社以成员为主要服务对象，主要业务内容如下：

为成员进行果品、蔬菜种植、进行机械化施肥、机械化植保等机械化生产，提供机械维修、种苗繁育、花粉生产销售、生产资料采购和农产品销售、运输、储藏服务；提供新品种新技术引进开发、试验推广、技术咨询、技术培训等服务。经营货物及技术进出口。

第五条　本社对由成员出资、公积金、国家财政直接补助、他人捐赠以及合法取得的其他资产所形成的财产，享有占有、使用和处分的权利，并以上述财产对债务承担责任。本社成员以前款规定的财产对本组织承担责任。

第六条　本社以自身全部资产对债务承担责任。

第七条　经成员大会讨论通过，本社可独资兴办或与其他企业合资兴办与本社业务内容相关的加工流通等经济实体；可以接受与本社业务有关的单位委托，办理代购代销等中介服务；可以向政府有关部门申请或者接受政府有关部门委托，组织实施国家支持发展农业和农村经济的建设项目；按决定的数额和方式参加社会公益捐赠，办理成员的文化福利等事业。

第八条　本社在海城市农业行政主管部门的指导协调和监督下开展生产经营活动。

第二章　成　　员

第九条　具有民事行为能力的公民，从事果蔬种植，山野菜、野山菇采摘，花粉生产销售，能够利用并接受本社提供的服务，承认并遵守本章程，履行本章程规定的入社手续的，可申请成为本社成员。本社吸收从事与本社业务直接有关的生产经营活动的企业、事业单位或者社会团体为团体成员。本社成员以农为主，农民成员至少占成员总数的百分之八十。

第十条　欲加入本社者必须履行以下程序：

（一）提交书面入社申请，承诺认购章程规定的股金或者缴纳会费；

（二）经本社理事会审核并讨论通过者，即成为本社成员。

第十一条　本社成员享有下列权利：

（一）参加成员（代表）大会，并享有表决权、选举权和被选举权；

（二）利用本社提供的各项服务和各种生产经营设施；

（三）按照本章程规定或者成员大会决议分享本社盈余；

（四）查阅本社成员（代表）大会记录、财务会计报告和会计账簿；

（五）对本社的工作提出质询、批评和建议；

（六）提议召开临时成员（代表）大会；

（七）自由提出退社声明，依照本章程规定退出本社。

第十二条　本社实行一人一票制，成员对本社享有均等的表决权。对认购股金较多或与本社业务交易量较大的成员，在本社重大财产处置、投资兴办经济实体、对外担保和生产经营活动中的重大事项，决策方面，最多享有两票的附加表决权。

第十三条　本社成员需履行下列义务：

（一）遵守本社章程和各项规章制度，执行成员大会和理事会的决议；

（二）按照规定缴纳成员股金或会费；

（三）积极参加本社各项业务活动，接受本社提供的技术指导，按照本社规定的质量标准和生产技术规程从事生产，履行与本社签订的业务合同，发扬互助协作精神，谋求共同发展；

（四）维护本社利益，爱护生产经营设施，保护本社成员共有财产；

（五）不从事损害本社成员共同利益的活动；

（六）不得以其对本社或者本社其他成员所拥有的债权，抵消已认购或已认购但尚未缴清的股金额；不得以已缴纳的股金额，抵消其对本社或者本社其他成员的债务；

（七）承担个人相应的经济责任，承担保证责任的成员需履行相应的承诺。

第十四条　成员有下列情形之一的，终止其成员资格：

（一）主动要求退社的；

（二）丧失民事行为能力的；

（三）死亡的；

（四）团体成员所属企业或组织破产、解散的；

（五）被本社除名的。

第十五条　成员要求退社的，须在会计年度终了三个月前，向理事会提出书面声明，方可办理退社手续；退社成员的成员资格于该会计年度结束时终止。成员退出后其股金和量化为该成员所有的公共累积形式的财产份额值，于该财务年度决算后两个月内退还，如本社经营亏损扣除其应分担的亏损金额；如经营盈余，则按照本章程规定返还其相应的盈余所得。退出成员须承担其资格终止前应承担的本社债务。

成员在退出并终止其成员资格前，与本社已订立的业务合同是否继续履行，依照退社时与本社的约定确定。

第十六条 成员死亡的，其法定继承人可以在一个月内提出继承申请，经理事会讨论通过后办理加入手续，继承成员资格，并承继被继承人与本社的债权债务。否则，按照第十五条的规定办理退社手续。

第十七条 成员有下列情形之一的，经成员大会或者理事会讨论通过予以除名：

（一）不遵守本组织章程、内部管理制度，不执行成员（代表）大会、理事会决议，不履行成员义务，经教育无效的；

（二）给本社名誉或者利益带来严重损害的；

（三）章程规定的其他情形。

本社对被除名成员，退还其所购股金，结清其应承担的债务，返还其相应的盈余所得。

第三章 组织机构

第十八条 本社的机构由成员大会、理事会构成，不设监事会，选举刘文义为执行监事。

第十九条 成员大会是本社的最高权力机构，由全体成员组成。本社成员达到一百人以上，每十名成员选举产生一名成员代表。成员代表大会可以履行成员大会职权。成员代表任期三年，可连选连任。

第二十条 成员（代表）大会行使下列职权：

（一）审议、修改本社章程和各项规章制度；

（二）选举和罢免理事长、理事会、执行监事；

（三）决定成员出资标准及增加或者减少出资；

（四）审议本社的发展规划和年度业务经营计划；

（五）审议批准年度财务预算和决算方案；

（六）审议批准年度盈余分配方案和亏损处理方案；

（七）审议批准理事会、执行监事提交的年度业务报告；

（八）决定重大财产处置、对外投资、对外担保和生产经营活动中的其他重大事项；

（九）对合并、分立、解散、清算和对外联合等做出决议；

（十）决定聘用主要管理人员和财务会计人员的数量、资格、任期；

（十一）决定其他重大事项。

第二十一条 本社每年至少于财务年度末，召开一次成员（代表）大会，成员（代表）大会由理事长负责召集，召开成员（代表）大会，理事会须提前十五日向全体成员（代表）通报会议内容。

第二十二条 有下列情形之一的，本社在二十日内召开临时成员（代表）大会：

（一）百分之三十以上的成员（代表）提议；

（二）执行监事提议；

（三）理事会认为必要的。

理事长或者理事会不能履行或者在规定期限内没有正当理由不履行前款规定职责的，执行监事可以在十日内召集并主持临时成员（代表）大会。

第二十三条　成员大会须有本社成员总数的三分之二以上出席方可召开。成员因故不能参加成员大会，可以书面委托其他成员代理。一名成员最多只能代理两名成员表决。

成员（代表）大会选举或者做出决议，须经本社成员表决权总数过半数通过；对修改本社章程，改变成员出资标准，增加或者减少成员出资，合并、分立、解散、清算和对外联合等重大事项做出决议的，须经成员表决权总数三分之二以上的票数通过。成员代表大会的代表以其受成员书面委托的意见及表决权数，在成员代表大会上行使表决权。

第二十四条　理事会是本社的执行机构，对成员（代表）大会负责。由三名成员组成，设理事长一名。理事长和理事会成员任期三年，可连选连任。

第二十五条　理事会行使下列职权：

（一）组织召开成员（代表）大会并报告工作，执行成员（代表）大会决议；

（二）制订本社发展规划、年度业务经营计划、内部管理规章制度等，提交成员大会审议；

（三）制定年度财务预决算、盈余分配和亏损弥补等方案，提交成员（代表）大会审议；

（四）决定成员入社、退社、继承、除名、奖励、处分等事项；

（五）组织开展成员培训和各种协作活动；

（六）决定聘任或者解聘本社经理、财务会计人员和其他专业技术人员；

（七）管理本社的资产和财务，保障本社的财产安全；

（八）接受、答复、处理执行监事提出的有关质询和建议；

（九）履行成员大会授予的其他职权。

第二十六条　理事会实行充分协商一致原则，理事会成员各自享有一票表决权，重大事项集体讨论，并经三分之二以上理事同意方可形成决定。理事个人对某项决议有不同意见时其意见记入会议记录，理事会会议邀请执行监事、经营管理负责人和一名成员代表列席，列席者无表决权。

第二十七条　本社设理事长一名，为本社的法定代表人。理事长行使下列职权：

（一）主持成员大会，召集并主持理事会会议；

（二）签署本社成员股金证明；

（三）签署聘任或者解聘本社经营管理负责人、财务会计负责人聘书；

（四）组织实施成员（代表）大会和理事会决议，检查决议实施情况；

（五）代表本社签订协议、合同和契约等。

第二十八条　本社经营管理负责人由理事会聘任或者解聘，对理事会负责，行使下例职权：

（一）主持本社的生产经营工作，组织实施理事会决议；

（二）组织实施年度生产经营计划和投资方案；

（三）拟定本社经营管理制度；

（四）提请聘任或者解聘财务会计人员和其他经营管理人员；

（五）聘任或者解聘除应由理事会聘任或者解聘之外的经营管理人员和其他工作人员；

（六）理事会授予的其他职权。

第二十九条 本社现任理事长、理事及其直系亲属、经理和财务会计人员不得兼任监事。

第三十条 本社理事、执行监事和经营管理负责人，须遵循以下准则：

（一）遵守本社章程，办事公道正派，忠于职守，维护本社组织及成员利益；

（二）不从事与本社业务及经济利益相竞争的活动；

（三）不得侵占本组织及成员的利益，不得挪用本社资金或者擅自将本社资金借贷给他人；

（四）不得以个人名义将本社资产为成员或者其他人债务提供担保；

（五）不得将本社资金以个人名义或者以其他人名义开立账户存储。

第三十一条 成员（代表）大会和理事会的决议，如有违反法律法规侵害成员合法权益的，本社成员有权向海城市农业行政主管部门举报。

第四章 财务管理和盈余返还

第三十二条 本社是经济核算主体，实行独立的财务管理和会计核算。经营自主，盈亏自负，有权拒绝任何单位和个人平调、挪用本社资产的请求。

第三十三条 本社财务年度至每年 12 月 31 日。本社按照有关法律、行政法规和政府有关主管部门的规定，建立健全财务和会计制度，实行每月 5 日财务定期公开制度。本社财会人员应持有会计从业资格证书，会计和出纳互不兼任。理事会、监事会成员及其直系亲属不得担任本社的财会人员。

第三十四条 本社依据成员名册，为每个成员设立个人财产账户，用于分类记载本章程规定的成员股金和应当折股量化为成员名下的个人财产份额。

成员与本社的所有业务交易，实名记载于各成员的个人账户中，作为按交易量（额）进行可分配盈余返还分配的依据。

第三十五条 会计年度终了时，由理事会按照本章程规定，组织编制本社年度盈余分配方案以及资产负债表、损益表、财务状况变动表等其他财务会计报告。经执行监事审核同意后，于成员（代表）大会召开十五日前，置备于办公地点，供成员查阅并接受成员的质询。

第三十六条 本社资金来源包括以下几项：

（一）成员股金，每股 2 000 元；

（二）每个会计年度从盈余中提取的公积金、公益金、风险金；

（三）未分配收益；

（四）国家扶持补助资金；

（五）金融机构贷款；

（六）社会捐赠款；

（七）其他资金。

第三十七条 本社成员认购股金可以用货币出资，也可以用库房、加工设备、运输设备、农机具、农产品等实物、技术、知识产权或者其他财产权利，经资产评估机构评估作价出资。作价出资与货币出资认购的股金享受同等权利、承担相同义务。每名成员（含团体成员）认购的股金不得超过本股金总额的百分之二十，生产者成员认购的股金应当占本股金总额的百分之五十以上。

第三十八条　经理事会审核，成员（代表）大会讨论通过，成员股金可以转让给本社其他成员，但不能转让给非本社成员。

第三十九条　为实现本社及全体成员的发展目标需要增加成员股金时，经成员（代表）大会讨论通过，形成决议，每个成员须按照成员大会决议的方式和金额调整成员出资。

第四十条　本社向成员颁发成员股权（金）证书加盖公章，并载明成员的出资额。作为成员所有者权益和记载各财务年度盈余分配的依据，并以记名的方式进行登记。颁发给成员的成员股权（金）证书须同时加盖本社财务章和理事长即法人印鉴。

第四十一条　根据成员（代表）大会的决议，本社从当年盈余中提取百分之十的公积金，用于扩大生产经营、弥补亏损或者转为成员出资。也可以根据自身发展的实际情况决定是否提取公积金。每年提取的公积金，按照成员认购的股金份额，或者成员与本社业务交易量（额）的份额，按比例折股量化为分配给每个成员所有的份额，并记入成员个人财产账户中。

第四十二条　根据成员（代表）大会的决议，本社从当年盈余中提取百分之十的公益金，用于成员的技术培训、合作社知识教育以及文化、福利事业和生活上的互助互济。其中，用于成员技术培训与合作社知识教育的比例不少于公益金数额的百分之五。

第四十三条　根据成员（代表）大会的决议，本社从当年盈余中提取百分之五的风险金，用于弥补成员生产经营中遭遇的自然风险和市场风险。

第四十四条　本社对国家财政直接补助和他人或社会捐赠，均按接受时的现值计入会计科目，作为本社的共有资金（产），按照规定用途和捐赠者意愿用于本社的发展。在解散、破产清算时，由国家财政直接补助形成的财产，不得作为可分配盈余资产分配给成员，处置办法按照国家有关规定执行；接受他人或社会的捐赠，与捐赠者另有约定的，按约定办法处置。

第四十五条　本社独资或与外单位联合兴办的经济实体，实行独立核算。本社作为产权单位行使监督权，享有收益权和承担责任。所获收益按照本社分配方法进行分配。

第四十六条　本社严格按照有关财务会计制度核定生产经营和管理服务过程中的成本费用。费用开支范围主要包括：

（一）日常办公费用；

（二）生产经营所发生的经营性支出；

（三）科研、咨询、培训、技术推广和服务以及质量认证、产品认证、商标注册和宣传教育等支出；

（四）理事、监事的误工补助以及经营管理人员、财务会计人员和其他工作人员的工资报酬和福利费用；

（五）成员的文化、福利事业支出和特困成员的补助；

（六）成员和职工的物质奖励；

（七）其他符合财务制度规定的支出。

第四十七条　扣除当年生产经营和管理服务成本，弥补亏损，提取公积金、公益金和风险金后的可分配盈余，经成员（代表）大会决议，按照下列顺序分配；

（一）股份分红或者股息支付；

（二）按成员与本社的业务交易量（额）比例分配。

成员分得股份分红或者股息，可以被首先用于冲抵成员欠款的股份金额。

第四十八条 本社如有亏损，经成员（代表）大会讨论通过，用公积金、风险金弥补，不足部分也可以用以后年度盈余弥补或者采取减少股本金额的办法弥补。

本社的债务，不足部分依照成员个人账户中记载的财产份额，按比例分担，但不超过成员账户中记载的出资额和公积金份额。

第四十九条 执行监事负责本社的日常财务审核监督。根据成员（代表）大会或者理事大会的决定，本社委托海城市农业行政主管部门或其他审计机构对本社财务进行年度审计、专项审计和换届、离任审计。

第五十条 本社根据海城市农业行政主管部门的要求，定期向其上报有关财务、会计和统计报表。

第五章 变更、解散、清算和终止

第五十一条 本社登记事项发生变更，即向海城市农业行政主管部门报告，并在原登记机关办理变更登记手续，同时办理税务登记变更手续。

第五十二条 本社有下列情形之一，经成员大会决议，报登记机关核准后解散：

（一）因成员退出，本社成员人数少于五人；

（二）因本社规定的营业期限届满后不再继续生产经营；

（三）本社分立或者与其他农民专业合作经济组织合并后需要解散；

（四）因不可抗力因素致使本社无法继续经营；

（五）本社宣告破产。

第五十三条 本社决定解散时，由成员（代表）大会推举五名成员组成清算组，对本社的资产和债权、债务进行清理，并制定清偿方案报成员（代表）大会审议通过。本社共有资产优先支付清算费用和公益债务后，按下列顺序清偿：

（一）所欠职员的工资报酬；

（二）所欠税款；

（三）所欠其他债务；

（四）归还成员股金；

（五）按成员（代表）大会决议分配剩余财产。

第五十四条 本社清算完毕后，于五日内向成员公布清算情况，并向原登记机关申请注销。

第六章 附 则

第五十五条 本章程由成员（代表）大会表决通过。成员（代表）或全体设立人签字后生效，并报海城市农业行政主管部门备案。

第五十六条 修改本章程，须经半数以上成员（代表）或者理事会提出，理事长负责修订，成员（代表）大会讨论通过后实施。

第五十七条 本章程内容与法律法规不一致时，依照有关法律法规修改执行。

第五十八条 本章程由本社理事会负责解释。

附录 2

农民专业合作社调查问卷

调查时间：　　　　　　受访者签字：

一、基本信息

合作社名称：＿＿＿＿＿＿＿＿（盖章）联系人：＿＿＿＿＿＿＿＿

地址：＿＿＿＿＿＿＿＿＿＿＿＿＿＿

邮编：＿＿＿＿＿＿＿＿　联系电话：＿＿＿＿＿＿＿＿

传真：＿＿＿＿＿＿＿＿　E-mail：＿＿＿＿＿＿＿　网址：＿＿＿＿＿＿＿

社员数：＿＿＿＿＿＿＿　带动农户数：＿＿＿＿＿＿

工作人员总数：＿＿＿＿＿＿　其中专职人员数：＿＿＿＿＿＿

理事长姓名：＿＿＿＿＿＿　学历：＿＿＿＿　职务（称）：＿＿＿＿＿

二、生产的主要产品（20＿＿年）

产品名称	规格型号	种植面积	年产量	栽种时间	批发价格	市场价格

三、经营情况（凡选择题直接打√，下同）

1. 合作社性质：

（1）工商注册　　　　（2）未经工商注册

其中经过工商注册，请继续选择：A. 国有　B. 集体　C. 股份制　D. 个体

2. 创立形式：

（1）大户牵头　（2）企业牵头　（3）供销社牵头　（4）其他

3. 基地面积：

（1）少于 10 亩*　（2）10～100 亩　（3）100～500 亩　（4）500～1 000 亩

（5）1 000 亩以上

4. 注册资金：

（1）10 万元以下　（2）10 万～20 万元　（3）20 万～50 万元

（4）50 万～100 万元　（5）100 万元以上

5. 上年统一销售社员产品产值：

---

* 亩为非法定计量单位，1 亩≈667 平方米。——编者注

(1) 100 万元以下　(2) 100 万～500 万元
(3) 500 万～1 000 万元　(4) 1 000 万元以上
其中统一销售产品比例：
(1) 50%以下　(2) 50%～80%　(3) 80%～100%　(4) 100%
6. 上年经营情况：
(1) 亏损　(2) 基本持平　(3) 盈利 10 万元以下
(4) 盈利 10 万～100 万元　(5) 盈利 100 万元以上
7. 在市场推广中经常采取什么措施？
(1) 网上推广（网络渠道：________________）
(2) 媒体广告（所用媒体：________________）
(3) 电话营销　(4) 经纪人推销　(5) 定向供货
8. 产品主要针对什么市场？
(1) 出口国外　(2) 国内销售　(3) 本地销售　(4) 定向加工
9. 产品进入市场或刊登广告时，期望的结算方式是什么？
(1) 现金支付　(2) 产品抵扣
(3) 一部分现金，一部分产品　(4) 按揭支付
(5) 易货交易
10. 企业是否有融资意向？
(1) 有　(2) 没有　(3) 正在考虑　(4) 已经融资
11. 交易方式：
(1) 对手交易占总交易量的________%　(2) 网上交易占总交易量的________%
(3) 拍卖交易占总交易量的________%　(4) 委托代理交易占总交易量的________%
(5) 其他占________%
12. 结算方式：
对手现金结算的交易量占总交易量的________%，统一结算的交易量占总交易量的________%，电子结算的交易量占总交易量的________%。

四、科技创新情况

1. 拥有技术人员总数________人，其中科技人员________人；农民技术员________人。
2. 科技创新活动（20____年）
(1) 推广农业新品种________个，推广面积________亩；
(2) 推广新农药新化肥________种，推广面积________亩；
(3) 开发加工农产品________种，销售数量________吨。
3. 农业技术及科技信息来源渠道（可多选，最多选 3 项）：
(1) 互联网　(2) 政府科技部门
(3) 科技特派员　(4) 高校和科研院所的老师和专家
(5) 亲戚朋友　(6) 农产品经销商（采购方）
(7) 供销社农资部门　(8) 商品市场

五、合作社的战略

合作社使用下列经营策略的程度：

（1）完全使用（2）基本使用（3）部分使用（4）少数使用（5）基本不使用（6）完全不使用

编号	合作社的经营策略	使用程度
1	面向不同的客户提供差别化的产品	
2	在制定产品价格时根据客户的意见进行调整	
3	根据市场需求灵活确定向市场投放产品的数量	
4	要求社员掌握统一的生产技术和质量标准	
5	向市场统一提供品牌化的产品	
6	根据街道的订单安排社员的生产	

六、合作社的组织结构

1. 合作社是否采取股份制：

（1）是　　　　　　　　（2）否

2. 如果合作社采用股份制，请回答问题2.1至2.3（没有则直接回答问题3）。

2.1 不同社员之间持有的合作社股份的差异程度：

（1）非常低　　（2）比较低　　（3）一般

（4）比较高　　（5）非常高

2.2 企业、事业单位或者社会团体社员的股金占总股金的比重：________%。

2.3 第一次出资者的股金占总股金的比重：________%；其在合作社的职位为：____________。

3. 合作社理事会的成员人数：________人。

4. 在理事会中，生产和运销大户、供销合作社、龙头企业、农村基层组织的成员人数分别是：______人、______人、______人、______人。

5. 所有理事会成员合计持有的股金数量（或者占有的产品交易量）占总股金（总产品交易量）的比重为：

（1）0～10%　（2）11%～20%　（3）21%～30%　（4）31%～40%

（5）41%～50%　（6）51%～60%　（7）61%～70%　（8）71%～80%

（9）81%～90%　（10）91%～100%

6. 理事会成员是否领取一定的报酬（工资/津贴等）：

（1）是　　　　　　　　（2）否

如果理事会成员领取一定的报酬，该部分占合作社当年盈余的比重：

（1）5%以内　（2）6%～10%　（3）11%～15%　（4）16%～20%

（5）21%～25%　（6）26%～30%　（7）31%～35%　（8）36%～40%

（9）41%～45%　（10）50%以上

7. 理事会会议的决策是否实行一人一票：

（1）是　　　　　　　　（2）否

8. 社员（代表）大会的表决方式是否坚持一人一票：

（1）是　　　　　　　　　　　　（2）否

9. 上年度合作社财务信息公开的次数：__________次。

10. 合作社是否与社员签订稳定的购销合同：

（1）是　　　　　　　　　　　　（2）否

11. 合作社在向社员提供农资时，价格是否有优惠：

（1）是　　　　　　　　　　　　（2）否

12. 合作社的盈余是否按社员与本社交易量（额）的比例返还给社员：

（1）是　　　　　　　　　　　　（2）否

七、合作社上年的绩效评价

1. 从成立到上年年底，合作社的经营时间为______年。

2. 合作社的业务增长速度与理事会年初的预期相比：

（1）差很多　（2）差一些　（3）没有差别　（4）好一些　（5）好很多

3. 合作社的业务增长速度与两年前的情况相比：

（1）差很多　（2）差一些　（3）没有差别　（4）好一些　（5）好很多

4. 合作社的业务增长速度与从事同类农产品经营的竞争者相比：

（1）差很多　（2）差一些　（3）没有差别　（4）好一些　（5）好很多

5. 合作社的盈利能力与管理层（理事会）年初的预期相比：

（1）差很多　（2）差一些　（3）没有差别　（4）好一些　（5）好很多

6. 合作社的盈利能力与两年前相比：

（1）差很多　（2）差一些　（3）没有差别　（4）好一些　（5）好很多

7. 合作社的盈利能力与从事同类农产品经营的竞争者相比：

（1）差很多　（2）差一些　（3）没有差别　（4）好一些　（5）好很多

8. 总体而言，合作社在满足社员需求和提高社员收入方面的效果：

（1）非常差　（2）比较差　（3）一般　（4）比较好　（5）非常好

9. 总体而言，成员对合作社各类事务的参与程度：

（1）非常低　（2）比较低　（3）一般　（4）比较高　（5）非常高

10. 总体而言，社员对合作社的认可程度和满意程度：

（1）非常低　（2）比较低　（3）一般　（4）比较高　（5）非常高

11. 在当地从事同类产品生产人员中，社员的人均平均年纯收入与非社员相比：

（1）差很多　（2）差一些　（3）没有差别　（4）好一些　（5）好很多

12. 合作社对当地经济社会发展带来的积极影响：

（1）非常不显著（2）不显著　（3）一般　（4）显著　（5）非常显著

八、人才需求调查

1. 您的合作社目前是否需要招聘大学生：

（1）需要　　　　　　　　（2）不需要

2. 如果需要，则需要招聘的大学生人数为：

（1）1人　（2）2人　（3）3人　（4）4人　（5）5人以上

3. 招聘的大学生将在合作社从事何种类型的工作（可多选）：
（1）产品研发 （2）技术推广 （3）营销管理 （4）市场规划 （5）其他
4. 合作社对招聘的大学生还有哪些补充要求（可多选）：
（1）有过实习经历 （2）专业课程成绩优秀 （3）担任过学生干部
（4）获得过奖学金或荣誉称号 （5）被评为优秀毕业生
（6）吃苦耐劳 （7）其他：________
5. 如果与大学生签订就业合同，希望签订________年的合同：
（1）1 年 （2）2 年 （3）3～5 年 （4）5 年以上
6. 合作社可以给大学生提供的待遇：
（1）工资待遇，年薪________：
①1 万元及以下 ②2 万元 ③3 万元以上
（2）福利待遇：
①购买“五金”（养老保险金、医疗保险金、失业保险金、工伤保险金和生育保险金）
②购买“三金”（养老保险金，医疗保险金，失业保险金）
③没有 ④其他：________

九、当前农民专业合作社发展中的主要问题

1. 合作社体制问题：
（1）现有体制能适应合作社的发展 （2）现有体制不适应合作社发展，需要调整
（3）现有体制阻碍了合作社的发展，需重建
2. 合作社的制度问题：
（1）已有一套较完整的制度 （2）制度不完备，需要改进
（3）制度很不完善，需要新建
3. 合作社的技术力量问题：
（1）没有技术力量 （2）技术力量很弱
（3）技术力量较强 （4）技术力量很强
4. 合作社的资金问题：
（1）现有资金能开展工作 （2）合作社内部可解决资金问题
（3）需要政府拨款支持 （4）需要解决融资渠道
5.《中华人民共和国农民专业合作社法》中有哪些地方应该加以修订？请尽量列出：
（1）
（2）
（3）
（4）
（5）
（6）
（7）
（8）
（9）
（10）

十、希望政府帮助解决的问题（按重要程度选 3 项）

（1）加强组织领导 （2）进行技术指导和培训

（3）协助畅通农产品销售渠道 （4）建立信息平台推广电子商务

（5）组织合作社之间的交流和协作 （6）协助解决用地指标

（7）协助解决融资渠道 （8）制定产品标准，建立行业规范

（9）加强知识产权保护 （10）合作社联合社组建

附录 3

农民专业合作社信息化情况调查问卷

尊敬的理事长，您好：

首先感谢您能在百忙之中协助并支持我们完成本次调查。本调查旨在促进本省农民专业合作社信息网更好地服务于我省农民专业合作社的快速发展。本调查从信息化设备、信息化手段、信息化投入、信息化需求四个方面入手，并将以此为工作抓手，尽我们的最大努力尽快引导我省农民专业合作社的信息化发展。

您的姓名：________　您的职务：________　合作社名称：________

合作社地址：________市________县（区）________镇（乡）________村

合作社的主营项目：________________

合作社注册编号：________________

合作社注册资金：________________

合作社社员数量：________________

您的联系方式：（手机）________（固话）________

一、信息化设备

1. 有（　　）台式计算机。

A. 1 台　B. 2 台　C. 3 台　D. 4 台　E. 5 台以上

2. 有（　　）便携式计算机（笔记本电脑）。

A. 1 台　B. 2 台　C. 3 台　D. 4 台　E. 5 台以上

3. 有（　　）智能手机。

A. 1 台　B. 2 台　C. 3 台　D. 4 台　E. 人人都有

4. 有（　　）数码摄像机（DV）。

A. 1 台　B. 2 台　C. 3 台　D. 4 台　E. 5 台以上

5. 有（　　）数码照相机。

A. 1 台　B. 2 台　C. 3 台　D. 4 台　E. 5 台以上

6. 计算机已经连入互联网。（　　）

A. 是　B. 否

如果已连入，带宽为（　　）。

A. 2M　B. 4M　C. 4M 以上

7. 您的智能手机是（　　）网络。

A. 中国联通　B. 中国电信　C. 中国移动　D. 其他：________

8. 您的智能手机每月流量为（　　）。

A. 10M　B. 30M　C. 60M　D. 100M 及以上

二、信息化手段

1. 您亲自操作计算机。（　　）

A. 是　　　　B. 否

2. 您会使用智能手机上网。（　　）

A. 会　　　　B. 不会

3. 您能使用数码摄像机进行摄像。（　　）

A. 能　　　　B. 不能

4. 您能使用数码照相机进行拍照。（　　）

A. 能　　　　B. 不能

5. 您的合作社中有专人能够使用计算机。（　　）

A. 有　　　　B. 没有

6. 您的合作社中有专人能够使用数码摄像机。（　　）

A. 有　　　　B. 没有

7. 您的合作社中有专人能够使用数码照相机。（　　）

A. 有　　　　B. 没有

8. 在合作社中，除了您之外还有您的（　　）能够使用计算机、数码摄像机、数码照相机进行信息撰写、图像编辑、统计分析、动态影像和静态影像数据采集吗？

A. 儿子　　　　B. 女儿　　　　C. 亲属　　　　D. 社员

9. 您的合作社中有人会对数码影像进行处理。（　　）

A. 有　　　　B. 没有

10. 您的合作社中有人会对数码照片进行处理。（　　）

A. 有　　　　B. 没有

11. 您的合作社中有人会将处理后的信息上传到互联网上。（　　）

A. 有　　　　B. 没有

12. 您是否知道电子商务？（　　）

A. 知道　　　　B. 不知道

13. 您是否通过电子商务完成过商务交易？（　　）

A. 用过　　　　B. 没用过

14. 您知道以下哪些电子商务网站？（　　）

A. 淘宝　　　　B. 京东　　　　C. 拍拍　　　　D. 阿里巴巴　　E. 其他：________

15. 您使用哪些渠道进行农产品销售信息发布？（　　）

A. 广播　　　　B. 电视　　　　C. 互联网　　　　D. 其他：________

16. 如果您通过互联网进行电子商务活动，您会将产品信息发布到（　　）。

A. 当地论坛，如百度的某某吧　B. 专业性的网站，如 96116（辽宁金农网）

C. 专业且知名度高的网站，如阿里巴巴　　D. 其他：________

17. 如果您在网络上有一间电子商铺，您会多长时间关注一次？（　　）

A. 一直在线　　B. 每天　　　　C. 一星期

D. 一个月以上　　　　　　　　E. 视情况而定。请说明：________________。

18. 您认为农产品电子商务（　　）。

A. 比较靠谱　　　　　　　　　B. 不靠谱

C. 信息不真实　　　　　　D. 如果有信用保障，有兴趣参与
E. 不感兴趣　　　　　　　F. 其他：________________

三、信息化投入

1. 您打算每年在信息化上投入（　）。
A. 2 000 元以下　　　　　B. 2 000～5 000 元
C. 5 000～8 000 元　　　　D. 8 000 元以上

2. 您打算投入的这些资金主要用于信息化的（　　）方面。
A. 人员技术培训　　　　　B. 电子商铺（网站）年费
C. 设备更新　　　　　　　D. 商务信息发布
E. 其他：________________________

3. 您愿意用多长时间去做信息化技术培训？（　　）
A. 无安排　　B. 每天 30 分钟　　C. 2 天
D. 视情况而定，请说明：__________________________。

4. 您会安排__________去做信息化技术培训。
A. 儿子　　B. 女儿　　C. 亲属　　D. 社员

5. 您会将信息化相关工作外包给别人，自己只享受服务，不亲自做，只提要求，最后看效果。（　　）
A. 是　　B. 否　　C. 视情况。请说明：________________。

6. 如果有一家相对正规的电子商务网站愿意支持您开展电子商务，您会与他们合作吗？（　　）
A. 会　　B. 不会　　C. 视情况。请说明：________________。

四、信息化需求

1. 关于信息化，您主要关注以下哪几种信息化方向？请按照关注程度顺序选择 5 项。（　　　　）
A. 农产品销售　　　　　　B. 企业形象提升　　　　　C. 人员信息化素质
D. 市场信息　　　　　　　E. 农产品物流的信息化　　F. 农户与超市的对接
G. 精品农产品的销售　　　H. 买家身份真实性的确认　I. 卖家身份真实性的确认
J. 信息化商务的安全支付手段　K. 农产品回溯信息化　　L. 精品农产品小区销售
M. 农产品零售　　　　　　N. 农产品批发　　　　　　O. 农业天气服务
P. 土壤墒情　　　　　　　Q. 农业政策法规　　　　　R. 土地信息
S. 其他生产资料信息　　　T. 其他：________________

2. 如果我们愿与您一起构建您的电子商务，您有这方面的需要吗？（　　）
A. 有　　B. 暂时不考虑　　C. 其他：__________

3. 您对网站还有什么需求？
____
____

4. 您对网站有什么建议？
____
____

图书在版编目（CIP）数据

农民专业合作社运营实务 / 辛子军，董云鹏主编
. —北京：中国农业出版社，2017.8（2019.7重印）
新型职业农民示范培训教材
ISBN 978 - 7 - 109 - 23022 - 4

Ⅰ. ①农… Ⅱ. ①辛… ②董… Ⅲ. ①农业合作社-专业合作社-经营管理-中国-技术培训-教材 Ⅳ. ①F321.42

中国版本图书馆 CIP 数据核字（2017）第 136481 号

中国农业出版社出版
（北京市朝阳区麦子店街 18 号楼）
（邮政编码 100125）
责任编辑 郭晨茜 诸复祈

北京通州皇家印刷厂印刷 新华书店北京发行所发行
2017 年 8 月第 1 版 2019 年 7 月北京第 2 次印刷

开本：787mm×1092mm 1/16 印张：10.5
字数：242 千字
定价：31.50 元